20
Anos de luta

FORÇA SINDICAL

20
Anos de luta

A História da Força Sindical

20 ANOS DE LUTA – A HISTÓRIA DA FORÇA SINDICAL

Realização
Centro de Cultura e Memória Sindical
Secretaria de Cultura e Memória da Força Sindical
Secretaria Geral da Força Sindical

Direção
João Carlos Gonçalves (Juruna)
Milton Baptista de Souza Filho (Cavalo)

Coordenação
Carolina Maria Ruy

Redação
Antônio Diniz

Entrevistadores
André Cintra, Antônio Diniz
e Priscila Lobregatte

Digitação e edição
Luciana Cristina Ruy

Iconografia
Fábio Eduardo Casseb Oliveira
Rodrigo Telmo Lico

Arte Gráfica
Laércio D'Angelo Ribeiro

Força Sindical

www.fsindical.org.br   imprensa@fsindical.org.br   www.twitter.com/CentralSindical

Centro de Cultura e Memória Sindical

fsmemoriasindical@gmail.com   www.fsmemoriasindical.blogspot.com   www.twitter.com/MemoriaSindical

Editor e Publisher
Luiz Fernando Emediato

Capa
Alan Maia

Revisão
Edson Baptista Coletew
Josias A. Andrade

DADOS INTERNACIONAIS DE CATALOGAÇÃO NA PUBLICAÇÃO (CIP)
(Câmara Brasileira do Livro, SP, Brasil)

Força Sindical, 20 anos de luta : a história da Força Sindical.
  -- São Paulo : Geração Editorial, 2011.

  ISBN 978-85-8130-003-0

1. Força Sindical - História 2. Movimentos sociais - Brasil - História
3. Sindicalismo - Brasil - História 4. Sindicatos - Brasil - História 5. Trabalho e classes
trabalhadoras - Brasil - História.

11-10470   CDD: 331.880981

Índices para catálogo sistemático

1. Brasil : Força Sindical : Movimento sindical : Trabalho
e trabalhadores : História 331.880981

GERAÇÃO EDITORIAL

Rua Gomes Freire, 225/229 – Lapa
CEP: 05075-010 – São Paulo – SP
Telefax.: (11) 3256-4444
Email: geracaoeditorial@geracaoeditorial.com.br
www.geracaoeditorial.com.br

2011
Impresso no Brasil
Printed in Brazil

Apresentação

O BALANÇO DOS VINTE ANOS É POSITIVO, PORÉM FALTA MUITO A CONQUISTAR

A história dos vinte anos da Força Sindical mostra que a central tornou-se a melhor opção política e sindical para os trabalhadores brasileiros. Em duas décadas de lutas, a nossa entidade passou a ser uma referência para os sindicatos em razão da prática de priorizar a negociação nas relações entre o capital e o trabalho nas demandas relativas às reivindicações específicas dos trabalhadores, como aumento salarial e melhores condições de trabalho. Ao mesmo tempo, a Força Sindical deu uma contribuição fundamental na luta da sociedade pela soberania, pela democracia e pela liberdade de expressão e de imprensa.

Paulo Pereira da Silva.

A central surgiu em um período de descenso dos movimentos grevistas – foi fundada em 8 de março de 1991 –, em meio a uma crise econômica internacional que provocava recessão e desemprego em massa especialmente nos países em desenvolvimento, como o Brasil. Além disso, os regimes socialistas nos países do Leste Europeu caíam em um efeito dominó. Segundo os fundadores da Central, a situação econômica e política à época abria espaço para o surgimento de uma nova entidade, que fosse capaz de ocupar um espaço delimitado à esquerda pelo radicalismo infantil da Central Única dos Trabalhadores (CUT) e à direita pelo conservadorismo imobilista da Confederação Geral dos Trabalhadores (CGT).

Assim nasceu a Força Sindical, no 1º Congresso de 1991, no qual os delegados deliberaram pela independência e contra a submissão ao Estado e aos empresários, porém aberta ao diálogo transparente. Nascia ali uma central pluralista, apartidária, independente e democrática. Nascia ali uma central que se recusava a ser correia de transmissão de partido político, pois entendia a necessidade de aglutinar na sua estrutura todas as correntes de políticas que representavam a diversidade de pensamento filosófico que existe entre os trabalhadores.

No final do Congresso, o plenário aprova um conjunto de resoluções que apontam para a construção de um novo modelo de desenvolvimento econômico, político e social para o País, com o propósito de melhorar a qualidade de vida e de trabalho dos brasileiros, promover o progresso empresarial e aprofundar a democracia. Estas propostas estão no livro "Um Projeto para o Brasil", inspirado pelo fundador da Força Sindical, Luiz Antonio de Medeiros.

Para alcançar esses objetivos, sempre defendemos que o capital e o trabalho nacional e internacional precisam ser parceiros no processo, assim como o Estado enxuto, racional e eficiente tem de se relacionar de forma harmoniosa e democrática com a sociedade. Estas relações devem ocorrer também entre os três níveis de governo e entre os três poderes. Precisa-se modernizar o Estado e a economia por meio de uma reforma fiscal, uma reforma do setor empresarial, do Estado e a reforma do sistema judicial.

Como entendemos que o movimento sindical não deve atuar apenas nos limites estreitos do corporativismo, a nossa central foi a pioneira na participação política, mediante atuação na elaboração e execução de políticas públicas. Com recursos do Fundo de Amparo ao Trabalhador (FAT), a Força Sindical criou o Centro de Solidariedade ao Trabalhador (CST), uma agência de empregos para fazer a intermediação da mão de obra. Ainda com recursos públicos, promoveu e executou o programa nacional de qualificação, que preparou mais de quinhentas mil pessoas para buscar vaga no mercado de trabalho de 1997 a 2002.

Contribuímos para a unidade das centrais sindicais na luta para melhorar a vida do povo e obtivemos muitas conquistas, a exemplo da lei que estabelece a política de recuperação do poder aquisitivo do salário mínimo. O histórico de lutas e de comprometimento com os trabalhadores, com a unidade, com a democracia e em defesa da estrutura sindical é resultado da nossa prática definida no congresso de fundação.

Hoje, temos 2.675 entidades filiadas, que representam 9,9 milhões de trabalhadores. Um crescimento fantástico em relação a 1991, quando 783 sindicatos e federações criaram a Força Sindical, resultado que demonstra o acerto de nossa política ao longo destes 20 anos.

Companheiras e companheiros: este livro conta a história de lutas da Força Sindical. O balanço apresentado é otimista, porém há o destaque de que precisamos lutar muito ainda para manter os nossos direitos e conquistar outros, como a redução da jornada de trabalho, sem redução de salários.

Paulo Pereira da Silva, *o Paulinho*, **presidente da Força Sindical**

Apresentação

O Brasil carecia de um movimento sindical moderno

Eu estava presente no Memorial da América Latina naquele histórico 8 de março de 1991, ao lado das importantes lideranças sindicais que criaram a Força Sindical, a nova central de trabalhadores, que trazia teses inovadoras para o mundo representativo do trabalho.

Como senador da República, eu não somente testemunhava, naquele momento, o ato político de fundação, como também deixava clara a minha participação ativa nas articulações que acabaram por construir uma correlação de forças políticas capazes de levar a um salto de qualidade do sindicalismo brasileiro.

Fernando Henrique Cardoso.

Havia muita gente lá, massa operária com tutano, enfrentando os desafios que somente interessam às pessoas idealistas. O Brasil carecia de um movimento sindical moderno, interessado não apenas na gritaria e no discurso radical – para não dizer histérico –, mas também preocupado com conquistas reais na melhoria de vida dos trabalhadores.

Todos sabem as origens do sindicalismo brasileiro, ligado ao corporativismo, com forte inspiração no fascismo italiano. Facilmente acoplado aos esquemas do poder, suas representações tornaram-se caducas diante do avanço nas relações de trabalho advindas da sociedade tecnológica. Clientelistas, manipuladas, acabaram taxadas de pelegas no espectro da esquerda política.

Em reação ao conservadorismo sindical, surgiu uma espécie de sindicalismo ideológico, adotando posições políticas extremistas, provocando impasses grevistas que promoviam seus líderes, mas não ofereciam resultados concretos para a massa de assalariados. Havia não apenas espaço, mas necessidade de uma nova visão dentro do movimento sindical.

O livro "Um Projeto para o Brasil" resumia, e ao mesmo tempo esclarecia, os objetivos da

Força Sindical. No inovador Centro de Solidariedade ao Trabalhador, e sua ênfase na qualificação profissional, se podia, desde o início, verificar essa nova postura do movimento sindical brasileiro. Após a queda do Muro de Berlim, mais pragmatismo e menos discurso socialista interessavam aos trabalhadores.

Propondo-se apartidária, a nova central ganhou musculatura política e se expandiu fortemente no meio operário e comerciário. Decretava assim a pluralidade do movimento sindical, contra o esforço daqueles que teimavam em vestir uma camisa de força ideológica, e única, nos sindicatos.

Na Presidência da República mantive, com os movimentos sindicais, e com a Força em particular, uma relação de trabalho próxima e respeitosa, mas com total independência política. Nunca me aliei àqueles que se utilizam dos trabalhadores, ou pior, aparelham as entidades para se fortalecer no jogo da política.

Fernando Henrique Cardoso é ex-presidente do Brasil

Apresentação

Vinte exitosos anos de vida

Os trabalhadores brasileiros, junto com outros setores sociais e políticos, estiveram na linha de frente da luta contra a ditadura e pela redemocratização do País. O sindicalismo que emergiu nas décadas de 1970 e 1980 soube combinar as suas reivindicações específicas com a defesa dos interesses gerais da população. A liberdade sindical, por exemplo, nunca foi uma bandeira corporativa ou particularista, ela sempre vinha articulada com as outras liberdades democráticas: liberdade de opinião e manifestação, liberdade de imprensa, de organização partidária, eleições livres, parlamento livre etc. O que não podíamos era admitir, na democracia reconquistada, a permanência de restrições ao direito de organização sindical. Seria inaceitável que coubesse ao Estado determinar a forma de organização dos trabalhadores, permitindo apenas os sindicatos por categoria e as respectivas federações e confederações, e proibindo as entidades gerais, intercategorias, capazes de congregar diversos segmentos de assalariados, ou seja, de representar o conjunto da classe trabalhadora. Sobretudo, seria inadmissível que fossem proscritas as chamadas centrais sindicais, por meio das quais esperávamos potencializar a participação do sindicalismo urbano e rural na vida brasileira. Para nós, a democracia jamais seria plena sem irrestrita liberdade sindical.

Luiz Inácio Lula da Silva.

Ali se afirmou muito da autonomia organizativa e política da classe trabalhadora brasileira. Ali se consolidou a convicção de uma sociedade civil protagonista, e não apenas coadjuvante, e menos ainda simples espectadora das grandes decisões nacionais.

De início, tentou-se construir uma central sindical unificada. Posteriormente, foram sendo plasmadas as seis centrais sindicais hoje existentes. Assim, em 1991, nasceria a Força Sindical, uma das maiores organizações de trabalhadores do nosso País.

Tive o privilégio de, durante os meus oito anos na Presidência da República, manter intenso e fecundo diálogo com cada uma e com todas as centrais sindicais. Respeitei-as ativamente e fui por todas respeitado. Mais do que isso: sem abrir mão, em momento algum, de sua autonomia e independência, as centrais foram parceiras do meu governo na retomada do crescimento com geração de empregos, distribuição de renda e inclusão social.

Na verdade, foram parceiras na implementação do novo modelo de desenvolvimento que levou o Brasil – desta vez com destaque para os trabalhadores e para o povo pobre – a dar o enorme salto de qualidade que conhecemos e a ocupar um novo lugar no mundo. A unidade das centrais foi fundamental para que o País avançasse tanto em tão pouco tempo. Sem esta unidade, não teríamos gerado quinze milhões de novos empregos formais em oito anos. Sem ela, não teríamos conseguido elevar fortemente o valor do salário mínimo e adotar uma política para valorizá-lo ainda mais no próximo período. Sem ela, e a mobilização de outros setores populares, não teríamos tirado 28 milhões de pessoas da pobreza extrema e elevado outras 39 milhões à classe média. Sem a agilidade e a lucidez política das centrais, em aliança com o governo, o Brasil não teria adotado uma estratégia antirrecessiva para enfrentar a crise internacional de 2008, garantindo o emprego e a renda dos trabalhadores. De tudo isso a Força Sindical participou com entusiasmo e criatividade, zelando pelos direitos dos assalariados e ajudando o País a inaugurar uma nova e promissora página de sua história.

Parabéns à Força Sindical pelos seus primeiros e vitoriosos vinte anos de vida. Que o seu futuro seja ainda mais exitoso na defesa dos assalariados e das mulheres e homens do nosso querido Brasil.

Luiz Inácio Lula da Silva é ex-presidente do Brasil

Prefácio

Força Sindical –
Uma história de lutas e conquistas

Centro de Cultura e Memória Sindical dedicou-se, neste ano de 2011, a promover ações que, mais do que comemorar o vigésimo aniversário da Força Sindical, fomentassem reflexões e debates acerca da Central.

Por meio de conversas, leituras e debates, percebemos que, embora tenha se desenvolvido sob a égide da democracia, a Força Sindical enfrentou grandes desafios ao longo de sua trajetória. Isto porque ela nasceu em uma época de recessão econômica, crise das ideologias e dispersão do movimento sindical. Mas a Central conquistou seu espaço com vigor e combatividade, tornando-se conhecida por sua grande capacidade de organização e mobilização, verificadas em inúmeras campanhas pela restituição e ampliação dos direitos dos trabalhadores.

Milton Cavalo.

Este livro é o produto de uma grande pesquisa sobre esta história.

Como não seria possível publicar em 144 páginas todos os fatos relevantes que ocorreram nestes 20 anos, a edição do livro foi feita com base em muito diálogo e esforço teórico.

Não pretendemos esgotar o debate acerca da história da Força Sindical. Pretendemos jogar luz em passagens até agora obscuras na história recente do sindicalismo. Pretendemos nos apropriar da nossa história, não deixando que ela se perca em discursos difamatórios, que apontam para visões distorcidas de alguns fatos. Pretendemos, ainda, levantar questões para que os leitores possam refletir sobre o sentido e a importância da Força Sindical para os trabalhadores brasileiros.

Nesta empreitada contamos com uma equipe que, além de qualidade técnica, demonstrou grande envolvimento com o tema. Isto fez com que este livro não fosse apenas o resultado burocrático de um planejamento, mas sim um objeto construído coletivamente, produto do interesse em compreender o mundo do trabalho e a admirável progressão da Força Sindical desde 1991 até os dias atuais.

Contamos também com a disposição de sindicalistas, que abriram espaço em suas agendas para nos conceder os depoimentos. Infelizmente não foi possível publicar todos os depoimentos como gostaríamos. Foi árduo e penoso o trabalho de restringir esta lista ao limite de páginas do livro. Entretanto, tivemos que trabalhar com este limite e buscamos contemplar, por meio de fotos e citações, outras pessoas que construíram esta bela história. Os depoimentos buscam, desta forma, não contar histórias pessoais. Cada depoimento deste livro representa uma categoria, um segmento. Representa, enfim, episódios das lutas dos trabalhadores brasileiros.

Além de uma visão panorâmica da história da Força Sindical, e dos depoimentos, o livro traz também artigos que oferecem outros pontos de vista acerca da Central. Desta forma, nas três primeiras partes, procuramos dar enfoques diferentes na análise do mesmo período.

Fornecemos, também, alguns dados que demonstram a representatividade da Força Sindical, expressa na diversidade de setores, instituições filiadas, trabalhadores e na Direção Executiva, que contempla vários Estados brasileiros e os principais setores da economia.

Por fim, com o intuito de contextualizar a Força Sindical em seu tempo, consideramos interessante oferecer ao leitor uma breve retrospectiva de fatos marcantes destes 20 anos. A ideia desta retrospectiva, nas páginas finais do livro, é a de despertar memórias que tornem a história da Central mais palpável.

O resultado é um produto dinâmico e instigante. Um livro que pode ser lido a partir de qualquer capítulo. Que fala por meio de dados, de imagens e de textos. Um livro que levanta questões e que se abre para futuras pesquisas.

Milton Cavalo é presidente do Centro de Cultura e Memória Sindical e Secretário de Cultura e Memória da Força Sindical

São Paulo, 24 de agosto de 1990

"Aqueles tempos eles tinham parâmetros. Uns eram linha chinesa, outros eram pró-Moscou, outros ainda pró-Albânia. Sem contar aqueles que falavam de Rosa e Trotsky.

As verdades estavam de pé. Em todas as bandeiras, em todas as cartilhas, em todos os panfletos.

E se marchava com as verdades. Nas campanhas pela Anistia, nos 1ºs de Maio com mais de cem mil. As grandes greves que davam grandes manchetes no jornal.

Chegaram até, com todas essas verdades unidas, a propor um proletário para presidente do País.

E havia alegria, risos, fogos e bandeiras para todos os gostos.

Mas, porém, e como dizia Plínio Marcos, "sempre tem um porém", a coisa não pegou.

Frustrou a maioria.

Pior, as verdades do Leste também começaram a cair. A Nicarágua, tão amada em versos, também teve o seu dia.

E olha nós aqui. Com dores no peito. Querendo uma verdade, buscando uma verdade para acreditar.

Às vezes dá desespero. Você olha em volta. São outros tempos.

Há democracia, sim. Ainda que no campo se assassinem dirigentes sindicais.

Mas hoje você vai ao sindicato. Vai às assembleias. Anda com a foice e o martelo nas mãos. Sai em passeata. Agita e já não há tanta repressão.

Houve avanços ou é tudo a mesma coisa?

Às vezes eu acho que queríamos demais.

Queríamos o socialismo. A fraternidade. O amor.

Acredito que hoje a maioria dos ativistas acha que não valeu a pena...

De cabelos brancos e não vejo nada!

Talvez porque não fomos capazes de ver as se-

13

mentes da evolução: quantos participam dos sindicatos.

Talvez não sejamos capazes de medir e olhar, dentro da fábrica, companheiros que nunca participaram de nada, e hoje mostram orgulhosos sua carteira de sócio do sindicato.

Quando você leva um jornal do sindicato, o povo quer ler.

Quantos não fizeram sua primeira greve? Quantos não fizeram sua primeira passeata? Quantos não disseram seu primeiro não na vida? Arriscando o seu emprego, arriscando o leite das crianças, arriscando o casamento...

Quantos não tiveram sua primeira experiência de querer ser livre?

E por que não prosperou? Por que esta frustração?

Será que, naquele momento, não apontamos para coisas impossíveis? Querer filé-mignon quando ainda era tempo de contrafilé?

Talvez sejamos tolos em acreditar que tudo depende da nossa militância, da nossa capacidade, quando, na realidade, estamos num planeta que gira, que muda, onde têm novas perspectivas pintando em algum lugar.

Estamos em um momento de reflexão. Da discussão de novas etapas.

Quem tiver capacidade de ouvir, analisar, de se colocar tranquilamente no seu tempo de hoje, anos 90, saberá ser capaz de ajudar nosso povo. De continuar caminhando para a felicidade que tanto necessitamos. Que tanto apontamos como busca, sendo a luz que nos atrai.

Acho que escrevo isto para mim mesmo.
Ando com muita dor e angustiado.

,,

João Carlos Gonçalves, *Juruna*
é Secretário-Geral da Força Sindical

Texto escrito em 24 de agosto de 1990, antes da fundação da Força Sindical

ÍNDICE

Capítulo 1 – História...17
    A história da Força Sindical...19
    Central chega para disputar hegemonia do movimento sindical.....................23
    Anos de mudança na ordem mundial..27
    Crise financeira reforça unidade das centrais sindicais..................................31
    Manter e intensificar o desenvolvimento nacional..35

Capítulo 2 – Depoimentos..39
    Construindo a Força Sindical
    José Ibrahim..41
    Força para alavancar os sindicatos
    Luiz Antonio de Medeiros...49
    Por uma central mais trabalhista
    Melquíades Araújo..53
    Toda a sociedade ganha com a qualificação sindical
    Cláudio Magrão de Camargo Crê...57
    Sindicalismo, meio ambiente, saúde e segurança no Trabalho
    José Gaspar Ferraz de Campos...61
    Força Sindical e as mulheres
    Nair Goulart...67
    Pluralidade, independência e união
    Paulo Pereira da Silva, Paulinho...73
    Sindicalismo democrático e cidadão
    João Carlos Gonçalves, Juruna...81
    Grandes campanhas: redução da jornada e valorização do salário
    Miguel Torres..91

Estrutura própria é independência e autonomia
Luiz Carlos Motta..95

Exportando ideias para o mundo
Nilton Souza da Silva, Neco..99

Capítulo 3 – Artigos..105

A Força Sindical na nova etapa do desenvolvimento no Brasil
Sérgio E. A. Mendonça..107

Vinte anos de conquistas
Luiz Fernando Emediato...115

A Força Sindical em 2011..129

Setores – Força Sindical..130

Direção executiva da Força Sindical..132

Presidentes estaduais da Força Sindical..134

Evolução de representatividade da Força Sindical..............................135

Retrospectiva..136

Capítulo

1

História

HISTÓRIA

A HISTÓRIA DA FORÇA SINDICAL

O nascimento da Força Sindical ocorre na esteira da reorganização dos trabalhadores brasileiros pós-ditadura militar, processo que teve seu ponto de partida na Conclat de 1981.

Quando a ditadura militar foi instituída, em 1964, um dos seus primeiros alvos foi o movimento sindical, uma vez que este comprometia diretamente a produção e, assim, os interesses econômicos do governo golpista.

Inúmeros sindicatos sofreram intervenção militar, sendo impedidos de lutar contra a crescente inflação, que arrochava os salários e impunha para a sociedade uma severa economia de austeridade.

Movimentos como as greves de Osasco e de Contagem, de 1968; e as do ABC, de 1978, 1979 e 1980, que ousaram se opor ao regime, ficaram marcados tanto pela coragem e capacidade de organização dos trabalhadores quanto pela violência com que foram reprimidos.

Mas, apesar da repressão, a partir deles o sindicalismo voltou a tomar corpo e, em 1981, ainda sob a ditadura militar, conseguiu se unir para realizar um grande encontro que seria um divisor de águas para o movimento sindical brasileiro: a I Conferência Nacional da Classe Trabalhadora (Conclat).

Conclat

Na Conclat, realizada entre 21 e 23 de agosto de 1981, na colônia de férias do Sindicato dos Têxteis de São Paulo, na Praia Grande, SP, foi debatida a criação de uma central sindical que representasse os sindicatos existentes no Brasil. Todas as correntes políticas que atuavam no movimento sindical constituíram, naqueles dias, a Comissão Pró-CUT, e decidiram criar aquela central em 1983.

Arnaldo Gonçalves, atual Secretário-Geral do Sindicato Nacional dos Aposentados, fala ao microfone na Conclat. Atrás, Luiz Inácio Lula da Silva e Hugo Perez, em 1981.

Resultado da votação no 8º Congresso do Sindicato dos Metalúrgicos de São Paulo, agosto de 1986.

Mas a visão em torno de duas propostas dividiu as correntes que pretendiam disputar a hegemonia do movimento sindical. Uma delas, ligada aos sindicalistas que depois iriam fundar a CUT, propunha a filiação à incipiente central de qualquer organização sindical, inclusive as oposições sindicais, além, é claro, dos sindicatos, federações e confederações.

Esta tese entrou em choque com a outra proposta, das correntes ligadas ao Partido Comunista Brasileiro (PCB) e ao Partido Comunista do Brasil (PCdoB), que defendiam que somente as entidades regulamentadas deveriam ser filiadas à central.

Na terminologia sindical, tratou-se de um embate entre unicidade (que pressupõe a criação de um sindicato por base territorial, uma federação por Estado e uma confederação nacional) e pluralidade sindical.

O racha que se seguiu à formação da Comissão Pró-CUT, em 1981, colocou em lados opostos grupos com posições ideológicas, políticas e sindicais divergentes, e, diante do impasse, os sindicalistas que defendiam a unicidade sindical não compareceram ao Congresso de 1983.

Unidade de ação

A CUT foi, então, criada por sindicalistas ligados ao recém-fundado Partido dos Trabalhadores (PT). Por outro lado, a militância do PCB e do PCdoB, setores independentes, se rearticularam, defendendo a unidade sindical e de ação.

Egressos dos quadros da Oposição Metalúrgica, estes partidos, que na época estavam clandestinos devido à ditadura militar, passaram a se reunir no Sindicato dos Metalúrgicos de São Paulo, sediado naquela época em um antigo prédio na Rua do Carmo.

Eles defendiam a unidade de ação com setores e sindicatos ligados à CUT. Unidade que, por exemplo, por meio de uma histórica campanha salarial unificada em 1985, conquistou a redução da semana de trabalho de 48 horas para 44 horas para toda a categoria, sem corte nos salários.

Tal conquista influenciou a formulação das cláusulas trabalhistas na Constituição da República de 1988, quando o benefício foi estendido a todos os trabalhadores brasileiros.

8º Congresso dos Metalúrgicos de São Paulo

Em 1986, quando sindicalistas de várias correntes políticas estavam na direção do Sindicato dos Metalúrgicos de São Paulo, acirrou-se o debate a respeito da criação de uma nova estrutura sindical nacional.

Naquele ano foi criada a Central Geral dos Trabalhadores (CGT), e o Sindicato vivia seu 8º Congresso.

O interessante é que, mesmo com o presidente do Sindicato, Joaquim dos Santos Andrade (Joaquinzão), assumindo a presidência daquela nova central, os delegados presentes no congresso rechaçaram a proposta de fi-

Direção eleita na fundação da Força Sindical em março de 1991.

liação do sindicato à CGT. Eles não estavam convencidos a filiar ao Sindicato nem à CUT – que àquela altura já apresentava alguns militantes insatisfeitos com os rumos políticos da central – nem à CGT.

Criação da Força Sindical

O cenário nacional e internacional da virada da década de 1980 para 1990 conspirava contra atitudes radicais, autoritárias e inflexíveis adotadas por algumas instituições criadas ou reativadas pós-ditadura militar.

A promulgação da Constituição da República de 1988 reforçou a reconstrução da democracia brasileira. Mas a queda do socialismo real da União Soviética, em 1991, por outro lado, reforçou a hegemonia internacional do neoliberalismo, gerando uma crise ideológica entre os movimentos sociais.

Esse contexto justificava o interesse, por parte de um grupo de sindicalistas, em criar uma central sindical mais moderada, que estivesse alinhada com as questões de seu tempo.

Em 1991, o debate sobre a criação desta nova central sindical, que tinha à frente Luiz Antonio de Medeiros, presidente do Sindicato dos Metalúrgicos de São Paulo; Melquíades de Araújo, presidente da Federação dos Trabalhadores nas Indústrias de Alimentação do Estado de São Paulo (Fetiasp); Paulo Fernandes Lucânia, presidente da Federação dos Empregados no Comércio do Estado de São Paulo (Fecomerciários); e Cláudio Magrão, presidente da Federação dos Trabalhadores Metalúrgicos do Estado de São Paulo, já estava maduro. Ela deveria ter as seguintes características: não ser correia de transmissão de partido político e ser intransigente, mas aberta ao diálogo e à negociação com os empresários e com o governo na defesa dos direitos dos trabalhadores. Uma central que fosse também protagonista nas lutas então empreendidas pela sociedade brasileira.

A Força Sindical surgiu desta forma em seu 1º Congresso Nacional, entre 8 e 10 de março de 1991, que ocorreu no Memorial da América Latina, São Paulo, SP. Nasceu como uma instituição democrática e pluralista, defensora enfática da livre negociação e da liberdade e autonomia sindicais.

HISTÓRIA

Central chega para disputar a hegemonia do movimento sindical

Os primeiros anos da década de 1990, período em que a Força Sindical se estruturou e se expandiu, foram abalados por graves crises econômicas e políticas.

No Brasil essas crises tiveram seu ápice nos dois anos de governo do ex-presidente Fernando Collor de Mello.

Já em março de 1990 a equipe econômica de Collor, a fim de aplacar a hiperinflação de 1989, que chegou a 1.782,90% (Banco de Dados Folha), decretou seu primeiro plano de estabilização econômica (Plano Collor I), congelando preços e salários e bloqueando os depósitos em cadernetas de poupança e contas correntes por dezoito meses.

Em janeiro do ano seguinte, o segundo choque econômico (Plano Collor II) promove novo congelamento de preços e salários, aumenta os juros e reduz as tarifas de importação.

Os estragos desse governo foram grandes. Com sua política econômica, Collor aprofundou a recessão, elevou o desemprego a taxas altíssimas e quebrou muitas empresas.

Com isso o desemprego tornou-se um enorme desafio para toda a sociedade e, sobretudo, para o movimento sindical, que se viu impelido a empreender ações de resistência à recessão, ao fechamento de milhares de postos de trabalho e à perda de direitos. Nesse cenário a Força Sindical passa a disputar com a CUT e a CGT a hegemonia do movimento sindical brasileiro.

Força Sindical em ato pelo impeachment *do presidente Fernando Collor (SP), 1992.*

Central toma as ruas

A fim de reverter os prejuízos que recaíam sobre os trabalhadores, a Força Sindical empenhou-se em lutas por aumentos de salários, em defesa de cláusulas constantes de convenções coletivas de trabalho e pelos direitos trabalhistas garantidos pela legislação.

Comandou também os movimentos de massa pela correção da tabela do Imposto de Renda da pessoa física e pela criação da lei que instituiu a Participação nos Lucros ou Resultados (PLR). Outra importante luta empreendida pela Força Sindical, durante o governo Itamar Franco, foi a luta contra as perdas do Fundo de Garantia do Tempo de Serviço (FGTS), causadas pelo Plano Collor, cujo valor chegou perto de R$ 10 bilhões

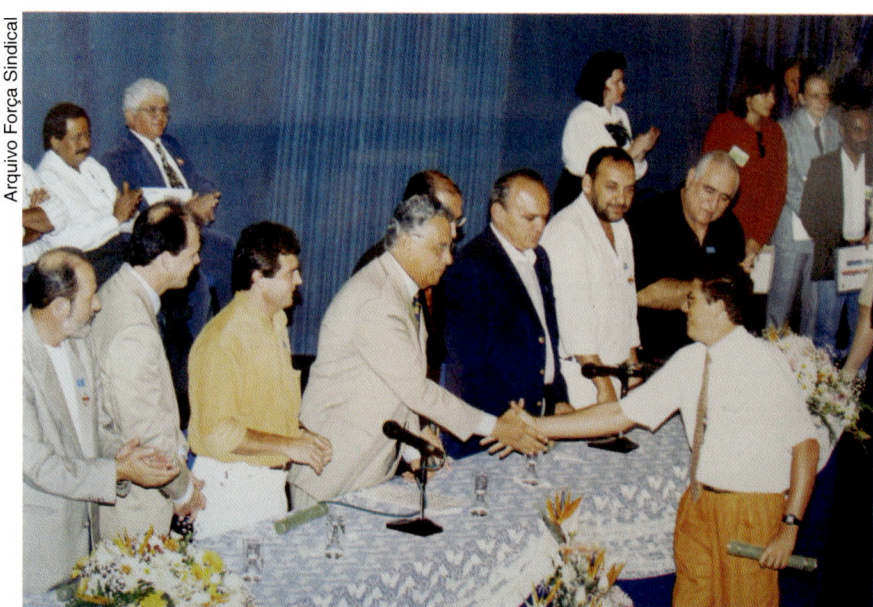

Fernando Henrique Cardoso em entrega de diploma de curso de qualificação profissional (SP), por volta de 1996.

(este total refere-se a uma ação movida em 1993 pelo Sindicato dos Metalúrgicos de São Paulo e outras entidades ligadas à Força Sindical contra o governo federal).

Essas perdas foram negociadas pelas centrais sindicais já na vigência do primeiro governo de Fernando Henrique Cardoso.

Centro de Solidariedade ao Trabalhador, fundado em 1998.

Em 1995, a Força Sindical participou do Conselho Deliberativo do Fundo de Amparo ao Trabalhador (Codefat) e incentivou a elaboração de um plano nacional de qualificação profissional, empreendido pelo governo FHC.

E como um canal para inserir esses trabalhadores no mercado, em 1998, em convênio com o governo federal, a Central criou o Centro de Solidariedade ao Trabalhador (CST), que faz a intermediação dos desempregados com as empresas.

De Medeiros a Paulinho

Com estas ações a Força Sindical, em sua primeira década, levou para o palco um modelo de sindicalismo ino-

História

vador e integrado às mudanças sociais, econômicas e políticas que ocorriam no mundo.

Entre 1992 e 2001 a Força Sindical saltou de 190 para setecentas entidades filiadas. Foram anos de consolidação de suas estruturas e de expansão nacional. Esse crescimento permitiu que a Central entrasse no século 21 com muito vigor.

Em 1999, Luiz Antonio de Medeiros, presidente da Força Sindical desde sua fundação, e reeleito no 2º e no 3º Congressos, se licenciou deste cargo para disputar as eleições para deputado federal.

Paulinho, em ato de solidariedade, Monte Santo (BA), 1998.

Em seu lugar o metalúrgico paranaense Paulo Pereira da Silva, o Paulinho, assumiu interinamente a presidência da Central. Embora tenha nascido em Porecatu, no Paraná, Paulinho trilhou sua trajetória sindical em São Paulo, para onde se mudou aos vinte anos de idade.

Sua militância no Sindicato dos Metalúrgicos de São Paulo foi produtiva e, em 1994, ele sucedeu Medeiros na presidência da entidade.

Sob seu comando a Força Sindical viveu um intenso crescimento. Eleito presidente da Central no 4º Congresso Nacional, em 2001, Paulinho conferiu um perfil mais abrangente e dinâmico para a entidade.

Ele, por sua vez, passou a defender o modelo de sindicato-cidadão, inspirado no sindicalismo europeu, segundo o qual o movimento deveria contemplar os trabalhadores de todo o País, até mesmo os desempregados e aposentados, e não apenas os membros dos sindicatos filiados. Estas ideias, mais tarde, desdobraram-se na criação do Sindicato Nacional dos Aposentados e Pensionistas e na defesa da regulamentação do trabalho autônomo e terceirizado.

Luiz Antonio de Medeiros, ao deixar a presidência da Força Sindical para assumir o cargo de deputado federal, abraça Paulo Pereira da Silva (Paulinho), novo presidente da Central, março de 1999.

Fundação do Sindicato Nacional dos Aposentado, Pensionistas e Idosos, 15 de junho de 2000.

João Inocentini, presidente do Sindicato Nacional dos Aposentados, na Jornada Nacional de Lutas, 3 de agosto de 2011.

HISTÓRIA

ANOS DE MUDANÇAS NA ORDEM MUNDIAL

Marcado pela reação aos efeitos globais do neoliberalismo, o início do século 21 foi de grandes transformações mundiais. E a Força Sindical, antenada com as mudanças e as necessidades de seu tempo, entrou na nova era promovendo ações que dinamizaram a vida dos trabalhadores brasileiros, como a criação do Sindicato Nacional dos Aposentados, a realização das celebrações do Dia do Trabalhador e o incentivo e a participação nas Marchas da Classe Trabalhadora.

Sindicato Nacional dos Aposentados, Pensionistas e Idosos

O processo que culminou com a criação do Sindicato Nacional dos Aposentados, Pensionistas e Idosos da Força Sindical (Sindnapi) ocorreu na virada do século, em 2000, ainda na era FHC.

A criação de um sindicato de aposentados é tema antigo de discussão entre militantes e teóricos do movimento. A iniciativa de concretizar esta ideia partiu da diretoria da Força Sindical, fortemente incentivada pelo presidente, Paulinho, que percebeu que havia espaço no Brasil para se criar uma instituição poderosa que representasse o crescente contingente de aposentados, a exemplo da *UIL Pensionati* italiana.

O Sindicato Nacional dos Aposentados, um dos principais sindicatos surgidos ao longo destes vinte anos, assumiu a tarefa de tratar de temas específicos deste segmento, tanto do ponto de vista econômico quanto do da saúde e integração social.

Segundo João Batista Inocentini, presidente do Sindicato desde 2001, entre as conquistas do Sindnapi destacam-se a política de recuperação do salário mínimo, a conquista de medicamentos mais baratos, a antecipação do reajuste para aposentados de maio para janeiro, além da luta pela recuperação das perdas dos planos econômicos e nas poupanças. Outra grande bandeira do Sindicato é a tentativa de provar na Justiça a inconstitucionalidade do fator previdenciário, que, segundo Inocentini, reduz os benefícios de quem vai se aposentar.

Marcha das Classes Trabalhadoras

Em 2004, a Força Sindical realizou uma marcha pela elevação do salário mínimo a cem dólares e pela recuperação do Fundo de Garantia (defasado devido à falta de correção). Cerca de 150 trabalhadores, entre metalúrgicos, da construção civil, da alimentação, costureiras, químicos e comerciários, membros de sindicatos filiados à Força Sindical, marcharam a pé de São Paulo a Brasília, em uma viagem de 31 dias.

A marcha foi um marco, a partir do qual se desenvolveu a jornada de marchas para Brasília com a participação de todas as centrais sindicais – Força Sindical, CUT, União Geral dos Trabalhadores (UGT), Central dos Trabalhadores e Trabalhadoras do Brasil (CTB), Central Geral dos Trabalhadores do Brasil (CGTB) e Nova Central Sindical dos Trabalhadores (NCST).

Entre 2004 e 2009, a unidade de ação verificada nas seis "Marchas da Classe Trabalhadora" pressionou o governo, conquistou avanços e deu visibilidade a temas como a redução da jornada sem redução de salário, distribuição de renda, ratificação das Convenções 151 e 158 da OIT (negociação no serviço público e contra a demissão imotivada), não à precarização, aprovação da PEC 438/01 (contra o trabalho análogo ao escravo) e pelo trabalho decente.

Mas a principal conquista dessas marchas unitárias foi o acordo, com o governo federal, que depois virou a Lei 12.382, de março de 2011, que garante a política de valorização do salário mínimo até 2015.

Tal reajuste, que levou o salário mínimo a ter uma valorização em torno de 55% de aumento real, baseia-se na inflação do ano anterior somada à variação do PIB de dois anos pregressos.

6ª Marcha das centrais sindicais, Brasília, novembro de 2009.

Novos tempos

Segundo o sociólogo e cientista político Emir Sader, em seu livro *A Nova Toupeira* (Boitempo Editorial, 2009), a virada do século 20 para o 21 viveu "uma fase de resistência, de defesa contra a virada regressiva de proporções históricas gigantescas, operada pela passagem de um mundo bipolar para o mundo unipolar, sob a hegemonia imperial norte-americana, e do modelo regulador para o modelo neoliberal".

Para ele as manifestações contra o encontro da **Organização Mundial do Comércio** (OMC), em Seattle, 1999, sinalizaram a extensão do mal-estar diante do modelo hegemônico e o potencial popular da luta de resistência.

Nessas manifestações milhares de pessoas, entre as quais ecologistas, anarquistas, trabalhadores sindicalizados (incluindo a AFL-CIO, a principal organização sindical estadunidense), militantes operários, estudantes, pacifistas e humanistas mobilizaram-se por mudanças sociais, econômicas, políticas e ambientais nas ruas de Seattle, de 30 de novembro até a queda da chamada "Rodada do Milênio".

De fato, como ponderou o sociólogo, aquele foi um sinal dos novos tempos, no qual vimos emergir governos de esquerda na América Latina, como Hugo Chávez na Venezuela, em 1998; Luiz Inácio Lula da Silva no Brasil, em 2002; Néstor Kirchner, na Argentina, em 2003; e Tabaré Vázquez, no Uruguai, em 2004.

Foram tempos de consolidação da sociedade civil organizada e participativa em nível global, tendo na criação de mecanismos como o Fórum Social Mundial, em 2001, suas maiores expressões.

Fórum Social Mundial

A Força Sindical, ainda que na década de 1990 tenha defendido privatizações de empresas públicas estratégicas, como siderúrgicas e empresas de telefonia, também começou a questionar, entre seus quadros, o modelo neoliberal, reconhecendo os grandes prejuízos que este modelo acarretava aos trabalhadores.

Delegação da Força Sindical no Fórum Social Mundial em Dakar, no Senegal, 2011.

Mas em 2001 a Central ainda enfrentava grande resistência por parte das instituições de esquerda do Brasil, e isto criou, em um primeiro momento, um clima de discriminação entre os movimentos sociais.

Esta situação fez com que não houvesse, por parte da direção da Força Sindical, uma decisão deliberatória para participar do 1º Fórum Social Mundial, em Porto Alegre (RS).

Mesmo assim, muitos sindicatos filiados à Central, como o Sindicato dos Metalúrgicos de Osasco e Região e o Sindicato dos Telefônicos de São Paulo, além da Secretaria Nacional da Juventude da Força Sindical, participaram, de maneira organizada, desde o início do Fórum.

Por meio destes sindicatos e secretarias e da própria postura da Central diante das questões sociais, a Força Sindical conseguiu superar a discriminação que sofria, somando-se aos demais movimentos sociais.

Aliás, com sua ampla representatividade sindical, capacidade de organização, e tendo sido a primeira central a criar a Secretaria Nacional da Mulher, a Secretaria Nacional do Meio Ambiente e o Sindicato Nacional dos Aposentados, a Força Sindical passou a se mostrar como uma instituição interessante, que reforçava diversas frentes de luta dos trabalhadores.

Desta forma, a partir de 2002 a participação organizada no Fórum Social Mundial passou a ser uma decisão deliberada pela direção da Força Sindical, que tem uma participação crescente no evento.

Vale ressaltar que solidariedade internacional sempre esteve na pauta da Força Sindical, que foi a primeira central sindical a pedir filiação à CIOSL (Confederação Internacional de Organizações Sindicais Livres), hoje CSI (Confederação Sindical Internacional).

Ato contra a crise em Curitiba (PR), setembro de 2008.

HISTÓRIA

Crise financeira reforça a unidade das centrais sindicais

No fim da primeira década do século 21, as instituições sociais brasileiras já tinham tomado corpo ou se reerguido. O sindicalismo já contava com uma ampla representação, expressa na existência de diversas centrais sindicais fortes e atuantes: além da Força Sindical e da CUT, UGT, CTB, CGTB, NCST e o Conlutas.

Mais do que gozar de liberdade de organização, as centrais sindicais, a partir de 2007, passaram a atuar em outro patamar, já que foram regulamentadas pelo governo, o que lhes conferiu autonomia e poder para participar de negociações e arrecadar recursos da contribuição sindical.

Na conclusão dos primeiros dez anos do século 21, a ditadura militar, ainda que suas dívidas continuassem a se arrastar pelo tempo, já era um passado desbotado. A hiperinflação dos anos de 1980 também era uma realidade longínqua, desconhecida de jovens adultos.

A década consolidou uma nova era no Brasil, que deixava para trás a pecha de país subdesenvolvido e passava a ser uma potência em desenvolvimento, com elevados índices de superação em diversos setores, como infraestrutura, mortalidade e longevidade.

Neste contexto o Brasil enfrentou a maior crise financeira mundial desde 1929, que eclodiu nos Estados Unidos, no final de 2008, com a quebra do banco de investimento estadunidense *Lehman Brothers*.

6ª Congresso da Força Sindical, julho de 2009.

Mesmo sem a consolidação dos efeitos nefastos da crise global no Brasil, bancos particulares aproveitaram-se da situação para reduzir a oferta de crédito, e muitas empresas, mesmo com capacidade para operar a todo vapor, diminuíram a produção e passaram a demitir centenas de trabalhadores. Foram reações antecipadas, algumas vezes oportunistas, que revelaram o medo da quebra da bolsa de Nova Iorque.

Diante da crise, a Força Sindical reagiu imediatamente apresentando ao governo federal medidas capazes de blindar o País das possíveis consequências de uma recessão mundial. Suas propostas incluíam investimentos a juros baixos nos setores que demandam mão de obra intensiva – como a construção civil e o setor de infraestrutura –, assim como a manutenção dos investimentos públicos, a desoneração fiscal dos materiais de construção, da linha branca de eletrodomésticos e dos automóveis, ampliação da oferta de crédito a juros baixos e a manuteção da política de aumento real do salário mínimo.

Além de condenar e denunciar a especulação financeira como causa dos problemas econômicos do mundo, a diretoria da Força Sindical conclamou as demais centrais sindicais a ir para as ruas em manifestações contra uma possível política de austeridade e contra o oportunismo de empresários, que apresentavam soluções como o corte no quadro de funcionários.

6º Congresso

Em 2009, na preparação para o seu 6º Congresso Nacional (entre 28 e 31 de julho daquele ano, no município de Praia Grande (SP), a Força Sindical elaborou o documento "Toda Força Pelo Trabalho Decente", que atualizava o ideário da Central sobre grandes temas, como emprego, desenvolvimento sustentável e democracia participativa.

Ainda no bojo das reações à crise financeira internacional, o documento condenou a inviabilidade do programa neoliberal, apresentando propostas contundentes para sua superação, como o reforço da unidade de ação entre as centrais sindicais, sob a palavra de ordem "Os Trabalhadores Não Vão Pagar Pela Crise".

Delegados de todo o Brasil e representantes internacionais participaram do 6º Congresso, que aprovou o documento e elegeu uma direção nacional amplamente representativa, tendo à frente o presidente reeleito Paulo Pereira da Silva.

O evento reforçou o perfil de pluralidade, unidade e democracia da Força Sindical.

NÚMERO DE DELEGADOS AUMENTA 41% NO 6º CONGRESSO NACIONAL

Segundo pesquisa do Dieese (Departamento Intersindical de Estatística e Estudos Socioeconômicos), o 6º Congresso Nacional da Força Sindical reuniu 2.528 delegados, entre os quais 843 ligados a sindicatos, 52 de federações, dezessete representantes das colônias de pescadores e dois delegados de confederações.

Em relação ao 1º Congresso Nacional, em 1991, houve um crescimento de 41% no número de congressistas e de 17% no número de entidades.

De acordo com o Dieese, 58,9% dos participantes do Congresso eram da Região Sudeste. Em seguida, com percentuais muito inferiores, das regiões Sul (13,6%); Nordeste (11,2%); Centro-Oeste (9,7%); e Norte (6,5%).

Entretanto, verificou-se um crescimento expressivo da participação dos nortistas, de pouco mais de 3% para 7%.

O Estado de São Paulo continuou sendo o que contribuiu com o maior número de delegados, 48%, com Minas Gerais em segundo lugar, com pouco menos de 7%.

Quase metade dos delegados do último Congresso, 47%, era ligada a entidades sindicais da indústria; mais de 20% ao setor de serviços; quase 13% do comércio; trabalhadores rurais representaram 1,6%; e pesca, 1,2%.

40 horas semanais

A crise internacional não abalou a luta pela redução da jornada de trabalho de 44 horas para 40 horas semanais, sem o corte nos salários. E este foi outro tema prioritário do 6º Congresso.

Ciente de que, além de melhorar a qualidade de vida do trabalhador, a redução da jornada poderia criar mais 2,2 milhões de empregos, conforme cálculo do Dieese, a Força Sindical, junto com as outras centrais sindicais, ainda em 2009, bateu nas portas do Senado e da Câmara dos Deputados, presididos, na época, por José Sarney e Michel Temer, solicitando a aceleração da tramitação e aprovação da Proposta de Emenda Constitucional (PEC) 231/95, que trata da redução do tempo de trabalho.

2ª Conclat: propostas para um projeto de desenvolvimento

Passada a fase de maior instabilidade da crise, e com a proximidade das eleições presidenciais, as centrais sindicais brasileiras Força Sindical, CUT, CTB, CGTB e NCST realizaram, no dia 1º de junho de 2010, no Estádio do Pacaembu, São Paulo, um grande evento nacional, que ficou conhecido como a 2ª Conclat (Conferência Nacional da Classe Trabalhadora).

A 2ª Conclat foi o resultado de um processo de debates entre as centrais sindicais. Nesses debates foi feito um balanço dos últimos anos sobre a economia e a situação dos trabalhadores brasileiros, e concluiu-se que a crise financeira do final de 2008 e o processo de globalização das últimas décadas reduziram a capacidade dos países de controlar e executar políticas de suporte ao desenvolvimento econômico, com geração de emprego e inclusão social.

Diante destas formulações, as centrais toparam o desafio de construir uma nova agenda dos trabalhadores brasileiros e apresentá-la aos principais pré-candidatos à Presidência da República José Serra, do PSDB; e Dilma Rousseff, do PT.

A "Agenda da Classe Trabalhadora" frisou a necessidade de se implantar, como princípio, as soluções coletivas e a qualidade de vida do trabalhador. Destacou o fortalecimento dos laços internos de solidariedade e cooperação internacional, de forma a potencializar a luta por novos modelos de desenvolvimento sustentável. Trouxe sugestões para ampliar a distribuição de renda, propôs a revogação do fator previdenciário e afirmou a necessidade de valorizar a educação pública e de qualidade, de fortalecer o Sistema Único de Saúde (SUS) e o Programa de Aceleração do Crescimento (PAC).

Agenda da Classe Trabalhadora.

Sobre questões trabalhistas, a Agenda destacou a bandeira da redução da jornada de trabalho, a luta pela ratificação da Convenção 158 da OIT, que coíbe a dispensa imotivada, e a regulamentação da Convenção 151 da OIT, sobre a negociação coletiva no setor público.

Iugo Koyama

Eunice Cabral, presidente do Sindicato das Costureiras de São Paulo e da Conaccovest, fala na Conferência Nacional da Classe Trabalhadora, no estádio do Pacaembu (SP), 1º de junho de 2010.

HISTÓRIA

Manter e intensificar o desenvolvimento nacional

Nos últimos vinte anos o Brasil viveu um grande avanço na democracia e no desenvolvimento econômico. As conquistas obtidas pelos trabalhadores deveram-se à pressão das entidades de classe e à política de governos progressistas, de Itamar Franco a Dilma Rousseff, eleita para a Presidência da República em 2010.

O movimento sindical brasileiro exerceu um papel de destaque neste período. Mas a conquista de um Brasil sem pobreza, com valorização do trabalho e distribuição de renda, ainda demandará muita ação. O caminho para alcançar os objetivos da "Agenda da Classe Trabalhadora" não é livre de conflitos.

Forças conservadoras, representadas pela elite econômica, industrial ou rural, que há cinco séculos empenham-se em cultivar o abismo que discrimina classes sociais no Brasil, surgem como pedras neste caminho.

A terceirização do trabalho, modelo por meio do qual as empresas burlam as convenções coletivas, é exemplo das manobras antissociais lançadas por esta elite econômica. Para os empresários, o empregado terceirizado é vantajoso uma vez que ele não tem os mesmos direitos que atendem à categoria majoritária da empresa. Por isso os representantes sindicais patronais buscam dificultar as negociações do movimento sindical, que visam regulamentar esta atividade, com o Congresso Nacional.

Da mesma forma a aprovação no Congresso

Centrais sindicais na Jornada Nacional de Lutas, São Paulo, 3 de agosto de 2011.

Reunião com dirigentes da Força Sindical sobre a luta pela jornada de 40 horas semanais, em Brasília, 2011.

Sérgio Luiz Leite (Serginho), presidente da Federação dos Trabalhadores nas Indústrias Químicas e Farmacêuticas do Estado de São Paulo (Fequimfar), em ato pela implementação da Agenda da Classe Trabalhadora, 6 de julho de 2011.

Miguel Torres com trabalhadores grevistas, em Suape (PE), março de 2011.

Nacional da PEC 231/95, que dispõe sobre a redução da jornada de trabalho e a revogação do fator previdenciário, causas urgentes para o movimento sindical, se depara com dificuldades criadas por esta mesma elite, empenhada em manter seus privilégios.

Desafios para a Força Sindical

Além dos desafios apresentados pela conjuntura nacional, que demandam grandes campanhas, mobilizações e passeatas, no plano social cabe à Força Sindical posicionar-se nos principais debates correntes no ano em que completou seus 20 anos. Um destes debates refere-se ao desenvolvimento econômico e social compatível com a preservação do meio ambiente.

Aquecido, em 2011, pela tramitação na Câmara sobre o novo Código Florestal, o tema ambiental nunca deixou de estar na pauta da Força Sindical, haja vista o fato de ter sido a única central sindical a participar da Conferência das Nações Unidas sobre o Meio Ambiente e o Desenvolvimento, a ECO-92.

No plano organizativo coloca-se para a Central a necessidade de incrementar o nível de filiações de entidades sindicais, investir na formação de dirigentes e em suas estruturas físicas.

Sobre estes desafios, a aquisição da sede própria, inaugurada em março de 2010, é exemplo emblemático de força e expansão da Central.

A nova sede nacional, na Rua Rocha Pombo, bairro da Liberdade, SP, abriga as secretarias da Central, bem como a Força Sindical do Estado de São Paulo. O prédio tornou-se uma referência para os trabalhadores e palco permanente de debates teóricos e políticos das mais diferentes tendências do País.

Continuar avançando

Os indicadores sociais e econômicos de 2011 reafirmaram algo que a Força Sindical sempre sustentou: a importância da unidade de ação e a elevação do protagonismo da classe trabalhadora na luta política nacional, atitudes que foram responsáveis por conquistas relevantes para o crescimento do Brasil.

Ainda que continuemos a conviver com grandes problemas sociais, a história comprovou o sucesso da combinação, experimentada no Brasil de 1994 a 2011, entre democracia, ampla representatividade social, estabilidade da moeda, crescimento econômico e desenvolvimento social.

A manutenção deste sucesso vai depender do grau de diálogo e comprometimento entre o poder instituído e os movimentos de trabalhadores.

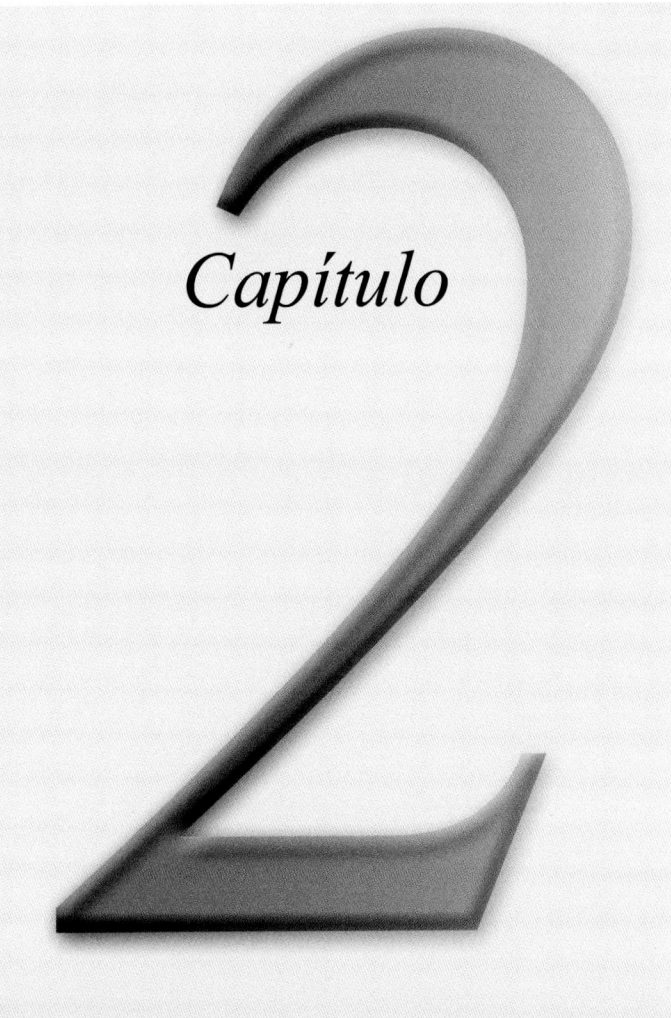

Capítulo 2
Depoimentos

Depoimentos

Construindo a Força Sindical

José Ibrahim

Metalúrgico, trabalhou na fábrica Cobrasma, em Osasco (SP), onde, como presidente do sindicato local, foi um dos protagonistas da greve de 1968. Participou da fundação da Força Sindical e foi o 1º secretário de Relações Internacionais da Central.

Entrevista realizada em 14 de abril de 2011

Do PT à Força Sindical

Sou uma pessoa que tem história no movimento sindical. Venho lá de trás, da luta de resistência à ditadura. Essa briga que fizemos lá em Osasco (1) me custou prisão, tortura, dez anos de exílio, essa coisa toda. Fui fundador do PT e ajudei também a fundar a CUT. Mas fiquei mais dentro do Partido. Enquanto Lula (2) era o presidente, eu era o secretário. Eu tinha várias divergências políticas no PT e, em 1986, eu saí do Partido. Fui trabalhar com o Brizola (3).

Logo que saí do PT, durante um coquetel no Sindicato dos Metalúrgicos de São Paulo, na época em que o Joaquinzão (4) era o presidente e o (Luiz Antonio de) Medeiros, vice, falei para o Medeiros que sentia a necessidade de criar

Melquíades Araújo, ao lado de Luiz Antonio de Medeiros e José Ibrahim, fala na fundação da Força Sindical, março de 1991.

uma central diferente, que contemplasse a ação e a luta sindical, fora da visão monolítica que tínhamos.

Na cabeça de algumas pessoas, principalmente dirigentes da CUT, o sindicalismo estava dividido entre os revolucionários e os pelegos. Eu não concordava com isso, e achava que havia condições de se criar alternativas para o movimento sindical.

Mas quando fui falar com o Medeiros ele me respondeu que o Sindicato dos Metalúrgicos de São Paulo, por si só, já era uma central. Eu discordei e disse que, por mais forte que seja o sindicato, e por melhor que seja sua história, ele representa apenas uma categoria. A conversa ficou por aí.

Tempos depois, em 1989 ou 1990, o Juruna (João Carlos Gonçalves), de quem sempre fui muito amigo, me procurou para dizer que o Medeiros queria conversar. Ele queria retomar aquela conversa que tivemos e disse que já estava conversando sobre o assunto com várias lideranças. "Estamos a fim de montar aquela central que você tinha falado. Uma central diferente, com outra visão. Você topa entrar nessa empreitada?", disse o Medeiros. E eu respondi que sim.

Construindo uma nova outra via

Havia espaço para construir outra via. Combativa, mas que não fosse estreita nem sectária. Enquanto a CUT era muito radical, a CGT era muito conservadora. Os sindicatos da CGT não tinham poder de negociação. Aquela central estava superada. E aquele negócio de "central única", de "partido único", já tinha passado. Era coisa da guerra fria.

Juntamos, então, um grupo que acreditava nesse projeto: o Medeiros, o Araújo, da Federação da Alimentação, eu e vários companheiros de Guarulhos e de Osasco, onde ficava o sindicato do qual fui presidente. Organizei as primeiras viagens antes da fundação. E começamos a articular a Central nacionalmente.

Saí, com o Medeiros, o Alemão (5) e o Araújo, pelo Brasil afora, discutindo a proposta da Central. Fizemos debate com o Meneguelli (6), com o Vicentinho (7).

Naquela época o Medeiros, por ser a pessoa que estava à frente desse novo projeto, evitava esses debates. Então eu acabava fazendo essas tarefas complicadas de debater com o pessoal da esquerda.

Tivemos muito tempo para conversar e elaborar nossos primeiros documentos. Quando eu estava no PDT (Partido Democrático Trabalhista), eu tinha muita amizade com o César Maia (8), que era secretário do Brizola. Antes da fundação da Força, cheguei a levar o Medeiros à casa do Brizola. Tanto o Maia quanto o Brizola viam com bons olhos a criação da Central, e nos ajudaram a elaborar os primeiros documentos.

Antes da fundação, estava tudo muito adiantado. A convivência era muito grande, e todo mundo já sabia qual era seu papel.

Reações

O começo foi difícil. A reação contra nós foi muito grande. A CUT percebeu que ia perder a hegemonia, que havia uma nova força no pedaço, disputando com propostas alternativas aos trabalhadores. Então, para nos queimar, diziam que "éramos uma central que estava nascendo no colo do Collor", que éramos uma "central collorida", a "Farsa Sindical". Botaram muita pedra no nosso caminho, dentro e fora do Brasil. Foi muito difícil. Fiquei um bom tempo fazendo o discurso de defesa da Central. De que íamos inovar o movimento sindical brasileiro. Que não íamos criar um sindicalismo de cúpula, partidarizado, mas uma central pluralista, combativa, reivindicativa, de luta.

O Medeiros, o Juruna, o Paulinho e eu estávamos afinados com o mesmo discurso: "viemos para valer, viemos para lutar, viemos para brigar". Só que com uma visão diferente.

Nasceu forte!

Apesar disso, a Central já nasceu forte, representativa e com grande inserção em várias categorias. Entre os sindicatos de metalúrgicos que havia no Brasil, tirando o do ABC, nós pegamos os principais. Tínhamos também uma grande representação na área de serviços, alimentação, além de outras categorias importantes, como têxteis, o pessoal da área de calçados. Depois a Força foi crescendo e, hoje, é uma central respeitada e de grande porte.

Secretaria Internacional

Como eu já tinha a experiência de dez anos no exílio, período em que trabalhei muito com centrais sindicais internacionais, principalmente europeias, fui eleito o 1º secretário internacional. Construí todo um caminho de respeito no movimento sindical internacional. Conquistamos nosso espaço com muita garra.

A primeira central que acreditou desde o começo na proposta da Força foi a UIL (Unione Italiana del Lavoro), que é uma central grande e com uma história muito forte na Itália. O apoio que ela nos deu foi de grande importância. Ela nos ajudou a construir a Escola Sindical da Força (9), com financiamento dos italianos. Mas a CIOSL (Confederação Internacional das Organizações Sindicais Livres) demorou uns dois anos e meio, mais ou menos, para aceitar a nossa filiação.

Enquanto não éramos admitidos na CIOSL, mantivemos muitas relações bilaterais, intercâmbios com as centrais da França, Espanha, Itália. Estabelecemos também uma boa relação com a China. A primeira grande delegação que foi para a China, a convite da central sindical chinesa, foi encabeçada pelo Medeiros e por mim. Estivemos também no Japão. E fomos ocupando espaço. Também ocupamos espaço na OIT (Organização Internacional do Trabalho). Por onze anos seguidos, chefiei a delegação da Força na Conferência Anual da OIT.

Rubens Romano, José Ibrahim e Luiz Antonio de Medeiros são recebidos pelo Papa João Paulo II, no Vaticano, em fevereiro de 1991.

Encontro com o papa

Antes da fundação da Central, o Medeiros queria muito ter uma entrevista com o papa João Paulo II. Como eu era secretário Internacional, era uma tarefa minha. E aí o Romano (10) e eu nos viramos. O Romano também estava doido para conhecer o papa.

Um pouco antes da fundação, fiz uma agenda voltada à Europa para divulgar e convidar o pessoal para a criação a Força Sindical. Pelos canais que eu tinha na Itália, pedi a agenda com o papa. Foi difícil. Ficamos mais de dez dias rodando a Europa e esperando para ver se ia ou não ter agenda com o papa. Eu não estava nem mais acreditando, mas o Medeiros, todo dia, no café da manhã, nos procurava, em qualquer país que a gente estivesse, e perguntava sobre a visita ao papa. Até que me ligaram da Itália dizendo que acertaram a conversa. Fomos para a Itália. Quando cheguei a Roma, na véspera da visita, lembrei que não tinha um terno adequado e comentei com o Romano. Eu tinha na mala gravata, *blazer*, mas não um conjunto completo, um terno, digno de ser recebido pelo papa. Ele falou: "Não tem problema. Vamos a uma loja e você compra o terno". E eu: "Aliás, não é só um problema... eu tenho dois. Também não tenho dinheiro para comprar um terno". Aí o Romano disse o seguinte: "Quer saber? Vamos lá que eu meto um cartão e te pago um terno". Aí eu comprei o terno.

No encontro com o papa, o chefe de cerimônia disse que esperássemos a hora da hóstia, uma tradição para essas audiências. O Romano, o Medeiros e eu ficamos esperando. Quando nos chamaram, o Romano foi o primeiro. Eu fui atrás, e o Medeiros me puxou pela gola do paletó e disse que comunista não tomava hóstia. Virei para ele e falei: "Mas a do papa eu vou aceitar. Essa eu não perco". Aí eu fui, e o Medeiros ficou lá. Não foi tomar a hóstia.

A audiência com o papa foi muito boa. Durou cerca de quinze minutos. Explicamos a ele o que era a Força Sindical. Tinha tradução, o papa tem um tradutor. Pedimos a compreensão e a bênção dele, já que o Brasil é um país cristão. O papa abençoou a Central e desejou boa sorte na defesa dos trabalhadores. Foi bom. Saímos e tiramos aquela foto histórica: o Romano, o Medeiros e eu junto ao papa.

Relação com os presidentes

Quando a Força Sindical foi fundada era época da Presidência do Fernando Collor (11). Ele sabia que tinha de negociar com o movimento sindical, mas com a CUT, ou com federações e confederações esclerosadas, não havia negociação. Não tínhamos nenhuma aliança tácita com o Collor, mas ele via que conosco dava para conversar.

E a Força sempre buscou a negociação institucional. Na década de 1990, quando eu pertencia à Central, conversamos muito com o Itamar Franco (12) sobre a participação do trabalhador em espaços de discussão, e levantamos, desde aquela época, a bandeira do poder de compra dos aposentados e da recuperação do salário mínimo. Tivemos também bastante diálogo com o Fernando Henrique Cardoso (13), em seus dois governos. Foi no período de FHC que conseguimos espaço de participação, para dar nossa opinião, nos Conselhos do Fundo de Garantia, do Fundo de Amparo ao Trabalhador e do BNDES, onde cobrávamos investimentos, geração de emprego e trabalho decente, entre outras coisas.

Enquanto a CUT era "do contra", nosso negócio era discutir os problemas concretamente. Foi nessa época que nasceu a ideia de construir o Sindicato Nacional dos Aposentados, que hoje é uma potência dentro da Força Sindical. Eram essas as nossas brigas, e a Força sempre manteve o diálogo, da mesma forma que manteve com o presidente Lula e hoje mantém com a presidente Dilma (14).

De Medeiros a Paulinho

O Paulinho é uma liderança com um senso de oportunidade muito aguçado, e eu vejo isso como uma qualidade. Ele tem uma sensibilidade muito grande para perceber as coisas rapidamente. É rápido no gatilho. O Medeiros tem uma formação política mais sólida, mas o Paulinho é mais arrojado e impetuoso do que o Medeiros, o que define um perfil, um estilo de atuação diferenciado. Enquanto o Medeiros, na presidência da Força, era mais cauteloso e tinha um estilo mais maneiro, o Paulinho, de certa forma, era mais afoito. Em geral ele acerta, e hoje é, na minha opinião, a principal liderança sindical do País. Com o mandato parlamentar ele cresceu muito. E ele exerce um mandato em defesa do trabalhador, o que dignifica a Força.

Força Sindical Pernambuco na luta pelo trabalho decente, em 2010.

Os 20 anos da Força Sindical

A Força Sindical teve um papel fundamental na renovação e na oxigenação do movimento sindical. E eu me orgulho de ter participado desse processo. Para exercer este direito supremo à cidadania – que é a participação política –, os trabalhadores precisam se organizar, ter suas próprias ferramentas e voz na sociedade. Por isso os trabalhadores precisam de uma central como a Força Sindical, que nestes 20 anos se tornou um dos melhores canais de participação dos trabalhadores, sendo uma ferramenta importantíssima na construção de uma democracia forte no Brasil. Embora ainda haja muita coisa a fazer, o movimento sindical avançou muito nestes 20 anos, e a caminhada da Força é vitoriosa.

Notas da redação

(1) Greve de 1968, em Osasco, iniciada na fábrica metalúrgica Cobrasma.

(2) Presidente da República de 2003 a 2006 e de 2007 a 2010, Luis Inácio Lula da Silva foi presidente do Sindicato dos Metalúrgicos de São Bernardo, de 1975 a 1980. Foi também um dos criadores do Partido dos Trabalhadores (PT), em 1980, e da Central Única dos Trabalhadores (CUT), em 1983.

(3) Leonel Brizola foi um político brasileiro, membro do PTB (Partido Trabalhista Brasileiro) de Getúlio Vargas. Um dos maiores opositores à ditadura militar, seu nome estaria na primeira lista de cassados pelo Ato Institucional Número 1, em 10 de abril de 1964, junto com 102 pessoas, incluindo João Goulart, Jânio Quadros, Luís Carlos Prestes e Celso Furtado. Ao retornar ao Brasil, com a anistia de 1979, Brizola quis assumir a antiga legenda (PTB), mas perdeu a disputa do registro junto ao Tribunal Superior Eleitoral – TSE para Ivete Vargas, sobrinha de Getúlio. Fundou, então, juntamente com outros trabalhistas históricos e novos simpatizantes, o PDT.

(4) Joaquim dos Santos Andrade, o Joaquinzão, foi presidente do Sindicato dos Metalúrgicos de São Paulo entre 1965 e 1987.

(5) Enílson Simões de Moura, metalúrgico, participou da organização das greves de 1978 e 1979, no ABC, e foi secretário-geral da Força Sindical entre 1991 e 1997.

(6) Jair Meneguelli foi presidente da CUT entre 1983 e 1994. Depois, foi eleito deputado federal.

(7) Vicente Paulo da Silva, Vicentinho, foi presidente da CUT entre 1995 e 2002, e também se elegeu deputado federal.

(8) César Maia, economista e político, pertenceu aos quadros do PDT até 1991, quando rompeu com Leonel Brizola. Foi prefeito da cidade do Rio de Janeiro por doze anos.

(9) Projeto de Escola de Formação Sindical que a Força Sindical elaborou na década de 1990. A UIL, com a central sindical ELA-STV, de origem basca, ajudou a comprar o prédio para funcionamento da Escola, em Embu-Guaçu (SP).

(10) Rubens Romano era presidente do Sindicato dos Comerciários de São Paulo e secretário de Finanças da Força Sindical na época de sua fundação.

(11) Fernando Collor de Mello foi presidente do Brasil entre 1990 e 1992, sendo o primeiro presidente eleito por voto direto após o regime militar. Renunciou ao cargo na tentativa de evitar um processo de *impeachment*, mas o processo prosseguiu e Fernando Collor teve seus direitos cassados por oito anos.

(12) Itamar Franco foi vice-presidente no governo Fernando Collor, tendo assumido a Presidência do Brasil com o *impeachment* de Collor, em 1992. Durante seu governo foi idealizado o Plano Real, elaborado pelo então ministro da Fazenda Fernando Henrique Cardoso.

(13) Fernando Henrique Cardoso, sociólogo, foi presidente do Brasil de 1995 a 1998 e de 1999 a 2002.

(14) Dilma Vana Rousseff é presidente do Brasil desde 1º de janeiro de 2011.

Depoimentos

FORÇA PARA ALAVANCAR OS SINDICATOS

Luiz Antonio de Medeiros

Metalúrgico, fundador e presidente da Força Sindical de 1991 até 1999. Foi presidente do Sindicato dos Metalúrgicos de São Paulo. Deixou a presidência da Força Sindical para ser deputado federal por São Paulo durante dois mandatos.

Entrevista realizada em 14 de abril de 2011

Criação da Força Sindical

A partir de 1987, quando ganhamos as eleições para a presidência do Sindicato dos Metalúrgicos de São Paulo (1), nosso grupo modernizou a entidade. Criamos cinco subsedes, equipamos com carros e organizamos os trabalhadores nas fábricas como delegados sindicais, entre outras coisas. Com isso, o sindicato passou a se tornar conhecido, a ser uma referência, o que nos aproximou dos trabalhadores. Os metalúrgicos, por exemplo, foram os primeiros a reduzir a jornada de 48 horas para 44 horas remuneradas (2). Também foram os que mais cresceram na garantia da proteção aos acidentados e à mulher trabalhadora.

Greve dos Metalúrgicos que levou à conquista da jornada de trabalho da categoria de 48 para 44 horas semanais (SP), 1985.

Mas, em nível nacional, a grande maioria dos sindicatos não participava muito. Além disso, a CUT estava em formação. Era uma central combativa, mas de muito controle. Os grandes debates da CUT não resultavam em acordos salariais. Eles esticavam a corda até ela arrebentar, gerando muitas demissões.

Havia dois grandes sindicatos de metalúrgicos: o de São Paulo e o de São Bernardo do Campo. Tínhamos quinhentas mil pessoas no Sindicato dos Metalúrgicos. O sonho da CUT era ter esse sindicato, o Sindicato dos Metalúrgicos de São Paulo, porque era o maior. Se eles ganhassem o Sindicato de São Paulo, seria uma central única. E esse negócio de ser único já é uma oposição à ideia de pluralidade, e pluralidade democrática.

Não dava para nós (do sindicato) nos rendermos aos radicais, que queriam fazer um sindicato construindo outros objetivos. Por outro lado, também não queríamos ser identificados com aquele sindicalismo apático, pelego e atrasado que se limitava a administrar o arrocho salarial.

Então concluímos que esse negócio de único não dava. Tinha que ser democrático. Em uma fábrica, tem gente que é socialista, outros são comunistas, tem gente de direita, de esquerda, católico, protestante, e a cúpula também tem que refletir sobre isso. No sindicato temos de ter as várias visões dos trabalhadores. Por que a cúpula tem de ser única?

Paulo Fernandes Lucânia.

Nos opusemos à ideia de central única e criamos a nossa própria organização. Criamos esta organização com o objetivo de lutar, mas também de buscar a negociação, pois achávamos que, em primeiro lugar, era preciso negociar à exaustão. Partimos do princípio que, mesmo tendo muitas divergências, em um determinado momento tem de haver a convergência entre patrão e empregado.

Lembro de dois sindicalistas muito importantes, junto com os quais, no final de 1990, decidi criar a Força Sindical: o (Melquíades) Araújo, que era (e ainda é) presidente da Federação da Alimentação; e o Lucânia (3), da Federação dos Comerciários. Éramos representantes de três grandes categorias: metalúrgicos, comerciários e alimentação. Trabalhávamos como um núcleo, e cada um levou a proposta para as suas categorias. Queríamos formar uma central sindical que não fosse nem radical e nem imobilista.

Esta força sindical nacional deveria participar das lutas gerais, procurando representar o trabalhador nas grandes questões nacionais e tendo como sua "flor do dia" o combate com negociação.

Criamos, então, uma fortaleza inexpugnável. Participamos de eleições pelo Brasil. Em Volta Redonda (RJ), por exemplo, que era um sindicato da CUT, nós fomos lá e ganhamos.

Sempre tivemos um programa afirmativo de lutas, propostas e projetos. E tivemos a coragem de, desde o início, botar a cara para bater e garantir a nossa independência, o que não era muito a característica do sindicalismo daquela época. Durante o governo de Fernando Henrique Cardoso, por exemplo, abrimos um grande processo pela reposição das perdas de mais de 40% do Fundo de Garantia no governo Collor. E quem abriu esse processo fui eu, no Sindicato dos Metalúrgicos. É um bom exemplo de como a Força nunca perdeu a noção de independência e, hoje, é uma das maiores centrais do País.

Medeiros com Leonel Brizola, 1991.

Depoimentos

Medeiros e Araújo no congresso de fundação da Força Sindical, março de 1991.

Primeiras lutas

Naquela época, meados dos anos 1990, ninguém se incomodava em negociar a tabela do Imposto de Renda. Mas nós fomos lá e negociamos esta questão com o Marcílio Marques Moreira. Além disso, houve a questão da PLR (Participação nos Lucros ou Resultados). A Força Sindical lutou pela participação dos trabalhadores nos lucros da empresas. A correção dos aposentados também foi por nosso intermédio. Abrimos processos nacionais em um momento em que ninguém abria. São lutas e negociações em que fomos pioneiros.

Transformações ao longo do tempo

A Força Sindical manteve a sua independência em relação aos governos. Apesar de atuar no governo Lula, na negociação do salário mínimo, atuamos com independência. Não se pode fazer sindicalismo se não há independência do empresário, dos partidos, dos governos. Mas hoje há muita confluência. Não existe mais radicalismo revolucionário. Não existe mais essa coisa de "vou acabar com o sistema de produção, de mercado". Defendemos um mercado com forte regulamentação. Mas não há mais um setor que queira pegar o sindicato como alavanca para fazer revolução, como havia antes.

Acho que as centrais estão cumprindo o seu papel, mas também acho que os sindicatos podem fazer ainda mais do que fazem. Os sindicatos têm de ser mais combativos agora que estamos em um momento de crescimento econômico. E, em momentos como este, é necessário usar determinadas táticas para tirar mais proveito para o trabalhador. Por exemplo, quando tinha a Monark (fabricante brasileira de bicicletas) e a Caloi (fabricante brasileira de bicicletas e equipamentos), parávamos uma e deixávamos a outra trabalhando. Não tinha jeito de os empresários mandarem os trabalhadores embora. O que eu quero dizer é que devemos usar muito mais essa atuação por setores, por regiões, por

Araújo, Paulo Pereira da Silva (Paulinho), Enílson Simões (Alemão), Medeiros e outros militantes da Força Sindical em passeata em apoio às reformas do governo, (SP), 1995.

fábrica, para tirar aquilo que não se consegue em um acordo geral. Precisávamos dar uma chacoalhada na realidade sindical.

Unidade entre as centrais

Acredito que a unidade entre as centrais é possível e muito positiva. Não tem por que dividir o movimento sindical em bandeiras como a redução da jornada de trabalho. Todo mundo deve estar junto e negociar. Não se sai de uma jornada de 44 para 40 horas de um momento para outro. Quando conquistamos 44 horas semanais, na Constituição de 1988, o processo se deu reduzindo uma hora por semestre, até passarmos de 48 para 44 horas semanais. Agora é possível passar de 44 para 40 também paulatinamente. As centrais tinham de chegar a esse acordo. Acho que é importante a demonstração de força, o 1º de Maio, com dois ou três milhões de pessoas e todas as centrais juntas, empunhando a bandeira da redução da jornada de trabalho.

Os 20 anos da Força

Os 20 anos da Força foram percorridos por um caminho correto, com competência e responsabilidade. A bandeira principal deve ser a redução da jornada de trabalho. Mas acho que os sindicatos brasileiros têm de resolver o problema de financiamento. Não se pode acabar com o imposto repentinamente, mas pega mal para o Brasil ainda ter esse tipo de tributo. E isso é uma chaga! A saída é negociar! A Força Sindical foi criada para alavancar os sindicatos. Esse imposto é da época do Getúlio. Chega uma hora em que os sindicatos precisam caminhar com suas próprias pernas. Todas as instituições que têm vida longa são aquelas que se renovam, e eu acho que essa instituição se renovou. Mas temos de buscar uma alternativa para a questão do financiamento.

Notas da redação

(1) Medeiros foi eleito para a presidência do Sindicato dos Metalúrgicos de São Paulo em 1987 e 1990.

(2) Em 1985, metalúrgicos paulistas realizaram uma greve de 54 dias pelas 40 horas semanais. O movimento foi iniciado pelo Sindicato dos Metalúrgicos de São Bernardo do Campo e Diadema, e também contou com a participação do Sindicato dos Metalúrgicos de São Paulo, com adesão estimada de 290 mil trabalhadores. A greve, de 54 dias, teve como resultado a redução da jornada de 48 horas semanais para 40 horas em algumas fábricas, e 44 ou 45 horas em outras. Essa luta teve forte influência para a elaboração da pauta trabalhista na Constituição de 1988, que consagrou em seu texto a jornada legal de 44 horas.

(3) Paulo Fernandes Lucânia (1940/2007) foi presidente da Federação dos Empregados no Comércio do Estado de São Paulo (Fecesp) de 1989 a 2007.

Depoimentos

Por uma central mais trabalhista

Melquíades Araújo

Presidente da Federação dos Trabalhadores nas Indústrias de Alimentação no Estado de São Paulo – Fetiasp, e 1º vice-presidente da Força Sindical. Participou da fundação da Força Sindical em 1991.

Artigo publicado no site da Força Sindical em 22 de março de 2011.

Organização Sindical – Antecedentes

Desde o início da "Era Vargas" (1) a organização da classe trabalhadora, em nível nacional, nos foi negada. Nos tempos de chumbo da ditadura militar (1964/1985) a reunião de sindicatos e federações de categorias diversas chegou a ser considerada prática subversiva (2).

Todavia, bastou atinar para a distensão do sistema, embora "lenta, gradual e segura" (3), como foi anunciada, para se reativar a ideia de organização em central.

De fato, a partir da Conclat, no ano de 1981, o projeto passou do ideal para a construção. Não foi possível a criação de uma central única diante do divisionismo puramente político. E foi assim que surgiram primeiro a CUT, em agosto de 1983; depois a CGT, que o racha, ainda político, levou à divisão em uma CGT confederação e outra central.

Araújo em campanha pela valorização do salário mínimo, 2010.

A necessidade da Força Sindical

Mas grande parte dos sindicatos e federações, que defendiam uma atuação voltada para as necessidades concretas dos trabalhadores e pela defesa intransigente de seus direitos e interesses, tanto individuais como coletivos, não aceitava nenhuma das centrais existentes. Assim, pouco a pouco, partindo dos trabalhadores da base para a cúpula dos sindicatos, e daí para as federações e confederações, foi crescendo a ideia de se construir uma central que priorizasse propostas mais trabalhistas e menos político-partidárias.

Esta central nasceu no dia 8 de março de 1991, já marcada pela democracia, pela autenticidade e pela atuação efetiva e transparente: a Força Sindical.

Sua fundação abriu outro espaço e um novo caminho. O primeiro e o segundo presidentes, Luiz Antonio de Medeiros e "Paulinho" Pereira da Silva, procedem da categoria dos metalúrgicos. Mas conquistaram representatividade em todos os setores dos ramos profissionais, na indústria, no comércio, transporte, serviços, meio rural, comunicações, educação, esporte, lazer etc.

A Federação dos Trabalhadores nas Indústrias da Alimentação e Afins do Estado de São Paulo está representada na direção da Força Sindical desde o surgimento da Central. E muito nos orgulha ocupar uma de suas vice-presidências.

Valioso ter presente que, em 2002, conforme levantamento do IBGE, a Força Sindical contava com 839 entidades filiadas, e hoje com 13,7% do total organizado em centrais, o que atende plenamente a exigência do Art. 2º, Parágrafo único da Lei nº 11.648, de 2008, para ser mantida como central.

Principais bandeiras

A Força Sindical se destaca no plano sóciopolitico e econômico do Brasil pela seriedade de suas causas.

Dentre as mais importantes bandeiras por ela defendidas estão:

A luta pela redução da jornada de trabalho de 44 para 40 horas semanais sem redução dos salários.

Elza de Fátima Costa Pereira, Tesoureira do Sindicato dos Metalúrgicos de São Paulo, em campanha salarial, outubro de 2009.

Carlos Vicente de Oliveira (Carlão), presidente do Sindicato dos Trabalhadores da Alimentação de São Paulo, setembro de 2009.

A luta pela valorização do salário mínimo, tal como enuncia o Inciso IV do Artigo 7º da Constituição, até que ele atenda os fins para os quais foi criado, garantindo trabalho, moradia digna, alimentação, educação, saúde, lazer, vestuário, higiene, transporte e previdência social.

A luta pelo trabalho decente e pela defesa dos direitos trabalhistas duramente conquistados, afastando a flexibilização e a terceirização da mão de obra.

A manutenção do custeio da organização sindical mediante contribuições da categoria considerada como um todo, como forma de retribuição pela representação ampla, de associados ou não-associados, nas negociações coletivas e abrangência de todos nos acordos e convenções coletivas, por meio da contribuição negocial legitimada pelo Artigo 7º da mesma Lei nº 11.648, de 2008.

Por tudo, no vigésimo aniversário da Central, saudamos a valorosa Força Sindical, e seus filiados, desejando-lhes vida longa.

Notas da redação

(1) Entre 1930 e 1945, quando Getúlio Vargas (PTB) governou o Brasil. Foi uma época de profundas transformações no País, que passou a ser mais urbano e industrializado. Getúlio voltou a ser presidente em 31 de janeiro de 1951, e o foi até 24 de agosto de 1954, quando se suicidou.

(2) Quando a ditadura se instituiu, em abril de 1964, logo foi criado um sistema de repressão contra qualquer associação civil contrária ao regime. As greves de trabalhadores e estudantes passaram a ser consideradas crime. Os sindicatos sofreram intervenção federal e os líderes sindicais que se mostras-

Neuza Barboza, em assembleia na Mars Brasil, em Mogi Mirim (SP), maio de 2011.

sem contrários ao sistema eram tachados de subversivos de acordo com a Lei de Segurança Nacional.

(3) Expressão cunhada pelo general ditador presidente Ernesto Geisel, cujo governo já sofria grande pressão social pela redemocratização do Brasil. Geisel, que foi presidente entre 1974 e 1979, sinalizava que a entrega do poder aos civis não seria feita de forma precipitada. Após seu governo, a ditadura ainda duraria seis anos.

Depoimentos

TODA A SOCIEDADE GANHA COM A QUALIFICAÇÃO SINDICAL

Cláudio Magrão de Camargo Crê

Metalúrgico, presidente da Federação dos Metalúrgicos do Estado de São Paulo e vice-presidente do Sindicato dos Metalúrgicos de Osasco. Participou da fundação da Força Sindical, sendo seu primeiro secretário de Formação Sindical.

Entrevista realizada em 21 de junho de 2011

Política de formação de dirigentes nos 20 anos da Força Sindical

Entre 1992 e 2000, conseguimos elaborar, na Federação dos Trabalhadores nas Indústrias Metalúrgicas do Estado de São Paulo, importantes programas de formação e qualificação profissional de dirigentes sindicais e de trabalhadores empregados e desempregados. Milhares de pessoas passaram pelos bancos escolares da Federação e dos 54 sindicatos de metalúrgicos filiados à nossa entidade.

Isto é muito importante, uma vez que quanto maior o nível de conhecimento do dirigente, melhor a sua atuação em defesa dos direitos e anseios dos trabalhadores.

Além disso, das obrigações nas entida-

Jorge Nazareno (Jorginho), presidente do Sindicato dos Metalúrgicos de Osasco e Região, ao lado de Mônica Veloso, Cláudio Magrão e Paulo Pereira da Silva (Paulinho), realiza assembleia contra demissões de metalúrgicos da fábrica Amsted-Maxion, em Osasco (SP), dezembro de 2008.

des sindicais, hoje em dia a sociedade exige a participação dos trabalhadores na administração direta e indireta do Estado. Para participar dos Conselhos do Fundo de Garantia do Tempo de Serviço, da Previdência e do Fundo de Amparo ao Trabalhador, o dirigente precisa ter formação específica e um bom nível de conhecimento político, econômico e social. E não apenas os trabalhadores têm a ganhar: toda a sociedade ganha com a qualificação dos dirigentes sindicais.

Passeata contra juros altos, São Paulo (SP), janeiro de 2009.

Desafios na qualificação de dirigentes sindicais

Embora, nestes 20 anos, tenhamos conseguido alguns avanços nesta área, a ação dos sindicatos, federações, confederações e centrais sindicais ainda deixa a desejar. De um modo geral, os recursos financeiros dessas entidades são direcionados a outras atividades que não a qualificação. Acredito que há um certo receio de muitos dos atuais sindicalistas em serem superados pelos novos companheiros, e por isso não investem na formação na base.

Trabalhadores sem formação sindical se destacaram em 1978

Os dirigentes que surgiram naquela época refletiam os contextos objetivo e subjetivo em que viviam. São companheiros e companheiras que se formaram no calor da luta pela reposição da inflação e pela recuperação e valorização salarial, e que acabaram ganhando o respeito dos trabalhadores. Reivindicávamos, na época, cerca de 100%, 200% de aumento. A estabilização econômica e a globalização da economia passaram a exigir outro tipo de dirigente. Passaram a exigir dirigentes capazes de arrancar dos patrões, além do ganho salarial, reivindicações sociais, como melhores condições de trabalho, ajuda alimentação, qualificação e requalificação profissional. A situação atual é diferente. Não é tão acirrada, mas o sindicalista precisa estar atualizado com as exigências do mundo que o rodeia.

Seminário de formação de mulheres negociadoras, São Paulo (SP), 2005.

Capacitação de Dirigentes Sindicais de Base

Estamos ministrando o curso de Capacitação de Dirigentes Sindicais de Base – nos sindicatos de Araras, Ourinhos, Franca, Cruzeiro, Espírito Santo do Pinhal, Fernandópolis, Piracicaba, Tatuí, Embu-Guaçu, Artur Nogueira, Cerquilho, Marília, Ribeirão Preto, São José do Rio Preto e Mogi-Guaçu – na sede da entidade, na Capital de São Paulo. Os debates giram em torno de temas essenciais à luta trabalhista. Entre outros temas, os sindicalistas discutem a história do movimento sindical, estrutura sindical e noções básicas de economia. Temos uma política de formação permanente dos dirigentes, para ampliar nossa atuação na base e fortalecer, assim, as nossas lutas sindicais. Pela nossa previsão, até o final de 2011 cerca de trezentos sindicalistas terão passado pelos bancos da nossa Federação.

Federação conectada ao mundo virtual

A Federação está conectada – e busca sempre se atualizar – no mundo virtual e nas atuais redes sociais. Este é um braço que pode ajudar muito na qualificação e na formação dos dirigentes sindicais. E as entidades sindicais têm sabido aproveitar bem as ferramentas digitais para ampliar e divulgar suas ações, bem como para fomentar diálogos e debates. A Internet é um poderoso instrumento de mobilização, e representa uma forma a mais de levar informação e promover o intercâmbio entre o movimento sindical e demais setores da sociedade.

Geraldino Santos Silva no 1º Curso de Formação Sindical do Centro-Oeste, Goiás (GO), agosto de 2011.

Depoimentos

SINDICALISMO, MEIO AMBIENTE, SAÚDE E SEGURANÇA NO TRABALHO

José Gaspar Ferraz de Campos

Sociólogo, membro da Direção Executiva do PDT-SP e consultor da Força Sindical. Foi exilado em 1971, durante a ditadura militar. Viveu na França até 1979, onde foi secretário-geral do Comitê pela Anistia. Participou da fundação da Força Sindical.

Entrevista realizada em 11 de abril de 2011.

Uma nova central

A Força Sindical aglutinou muitos sindicalistas que estavam dispersos, que não estavam na CUT nem na CGT, que tinha uma estrutura pequena. O núcleo que deu origem à Força Sindical nasceu no Sindicato dos Metalúrgicos de São Paulo, liderado por Luiz Antonio de Medeiros; na Federação da Alimentação, liderada por Melquíades Araújo; e também da relação dos metalúrgicos de São Paulo com outros sindicatos de metalúrgicos do Brasil. Era um pessoal que não se sentia representado por nenhuma das duas centrais existentes.

Naquele início, havia algumas pessoas que estiveram no exílio e tiveram uma participação importante no Brasil, articuladas principalmente por José Ibrahim. Com 21 anos, em 1968, Ibrahim foi presidente do Sin-

Seminário sobre Saúde e Condição de Trabalho em Volta Redonda (RJ), por volta de 1996. José Gaspar é o segundo, da esquerda para direita.

Matéria da primeira Revista da Força Sindical, junho de 1991.

dicato dos Metalúrgicos de Osasco, com uma diretoria composta por pessoas que, depois, participaram da resistência à ditadura. Um deles é o Zequinha (1), que morreu com o Lamarca (2) na Bahia.

Então, o José Ibrahim, o João Carlos Gonçalves (Juruna) e a Nair Goulart convidaram a mim e ao Domingos Fernandes (3) para uma conversa em um boteco no bairro de Pinheiros (SP), no início de 1991. O Ibrahim disse: "Olha, nós estamos juntos com o Luiz Antonio de Medeiros, com o Enílson Simões de Moura, o Alemão, e mais uma turma, e vamos fundar uma nova central. Queremos convidar vocês para fazer parte". Respondi ao José Ibrahim que fui diretor da Andes (Associação dos Professores da PUC), mas não tinha mais mandato sindical. Mas, como eles precisavam de um corpo político e ideológico, passamos a construir juntos a nova central.

"Sindicalismo de resultados"

Havia um vazio no movimento sindical. E não só no movimento sindical: a sociedade estava esperando também uma resposta. Dizer que a Força Sindical surgiu para se contrapor à CUT é muito pouco. Seria puro maniqueísmo. Gente como o Luiz Antonio, o José Ibrahim, o Paulinho, o Juruna, nossa turma enfim, jamais nos adaptaríamos àquela estrutura tão hierarquizada da CUT. Éramos mais libertários. E somos até hoje!

Não é por acaso que falavam bobagens como "o Collor abriu espaço para a Força Sindical". Não foi o Collor. O fato é que havia um espaço para entrarmos com a nossa pauta. O governo federal na época foi simpático à formação da Força. .Agora, nós tínhamos uma relação forte com o pessoal.

Isto porque introduzimos no Brasil um novo estilo. A Força Sindical foi fundada sob uma concepção de negociar. A expressão "sindicalismo de resultados", criada por Luiz Antonio de Medeiros, permeou e permeia até hoje a vida da Força Sindical. É preciso se sentar à mesa e negociar, lógico. A negociação faz parte da Força Sindical, e não é apenas uma questão programática, é o seu espírito.

Certificado de participação na 1ª Conferência Eco-Sindical.

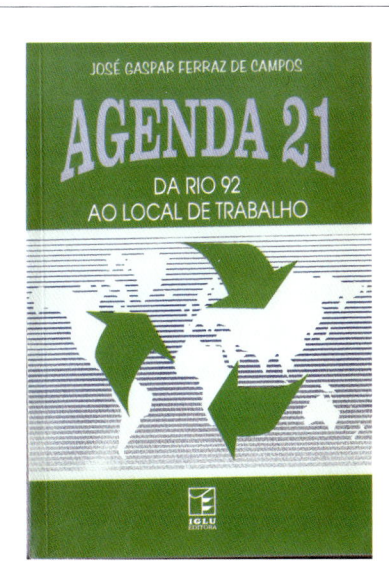

Eco 92

O Congresso da CIOSL (Confederação Internacional das Organizações Sindicais Livres), realizado em Caracas entre 17 e 24 de março de 91, teve a questão ambiental como tema principal. O sindicalismo mundial queria se inserir na Rio-92 (4). Como o Domingos e eu tínhamos relações na área ambiental, com ligação antiga com os fundadores do Partido Verde, como o Gabeira (5) e outras figuras de destaque, criamos um grupo dentro da Força Sindical, do qual também participava o Juruna, para discutir a questão do meio ambiente. Organizamos, então, um evento que incomodou muitíssimo as outras centrais. Mesmo sem imposto sindical e sem dinheiro, pusemos na Praia do Trabalhador, em São Sebastião (SP), 470 dirigentes sindicais do Brasil inteiro. E convidamos deputados, ambientalistas e sindicalistas da Europa – da França, da Espanha e da Bélgica, entre outros países – para discutir meio ambiente e desenvolvimento. Foi algo absolutamente inédito. Foi a partir daí que a Força Sindical se inseriu na Agenda da Rio 92. A direção da Força Sindical na época me deu a Secretaria Executiva dessa Conferência. Escrevi, então, um livro chamado *Agenda 21 da Rio 92 no Local de Trabalho*, que não tenho nenhuma modéstia em dizer que é a única coisa que existe no mundo sobre a relação entre meio ambiente e trabalho. Trata-se de uma síntese do que foi discutido na época em São Sebastião. Em 1996, reeditei o livro com o nome *La Ecologia del Trabajo*, e o lancei na Espanha com o apoio de um amigo meu, então presidente do Clube Mundial da Imprensa, Tito Drago.

O José Ibrahim, que era o secretário de Relações Internacionais da Força Sindical, teve um papel muito importante nisso. Ele passou um tempo exilado (durante a ditadura militar) na Europa, e por isso tinha boas relações com as centrais sindicais europeias. E soube aproveitar com sabedoria a audácia política que a gente tinha, nos deixando trabalhar. A Força Sindical não tinha uma estrutura tão hierarquizada. Hoje é uma central muito mais forte, tem uma diretoria bastante coesa, sede própria. Mas naquela época tínhamos apenas uma casinha ali na rua Lisboa, no bairro de Pinheiros, em São Paulo.

Temas pioneiros

Além desta questão do meio ambiente, a Força Sindical levantou, pioneiramente, uma série de outras questões, e isto teve papel fundamental na consolidação da Central. Uma delas foi a criação da Secretaria da Mulher, resultado de um movimento liderado por Nair Goulart, que vinha de uma vertente política de esquerda no movimento sindical.

Curso sobre Saúde e Segurança no Trabalho para os Servidores Públicos, realizado pela Força Sindical Santa Catarina, em Botuverá (SC), maio de 2011.

Arquivo Força Sindical Santa Catarina

Outra é a questão da saúde e segurança no trabalho. Para nos inserir nessa área utilizamos documentos desenvolvidos pela OIT (Organização Internacional do Trabalho) e pela CIOSL. Nos baseamos no pressuposto do tripartismo da OIT, que envolve empresários, trabalhadores e governo. A Força Sindical, desta forma, introduziu o tripartismo no Brasil, especialmente na questão da saúde e da segurança no trabalho, e foi pioneira na luta pela implementação das normas regulamentadoras do Ministério do Trabalho. Lutamos para introduzir dispositivos de segurança em diversas máquinas, e conseguimos graças ao tripartismo.

Outra questão é a Participação nos Lucros ou Resultados. O Paulinho nem era deputado, mas viabilizou uma Medida Provisória, que o Ciro Gomes (6) botou em pauta. A ideia foi da Força, do Paulinho. E esse processo, no governo Fernando Henrique Cardoso, abriu um espaço muito grande para o tripartismo no Ministério do Trabalho. A relação com o Ministério do Trabalho nessa área foi muito boa durante os quatro anos do governo FHC. O Dornelles (7) foi um bom ministro, e o Paulo Paiva (8) foi um ministro extremamente democrático.

20 anos da Força

O movimento sindical brasileiro precisa preparar suas novas gerações. Acho que hoje as questões nas quais fomos pioneiros, como por exemplo a ambiental, estão ofuscadas por outros assuntos, como o salário e a inserção do sindicalismo na política nacional. As centrais sindicais não tiveram agora, por exemplo, participação na discussão do Código Florestal. E os parlamentares não conseguiram montar nacionalmente um grupo político para defender a questão ambiental.

Outro ponto é que precisamos valorizar a nossa história. Um dia desses, estive em um evento do PDT em que falei do Zequinha. Aí um rapaz, de uns trinta anos, me abraçou e falou: "Precisou vir gente de fora aqui para que se lembrasse do Zequinha. Eles não falam! Eles têm medo!". E eu disse: "Medo do quê?". E ele: "Da sombra!". Existe certo medo do passado.

Entretanto, essa direção da Força que está aí preocupa-se em preparar uma nova geração para assumir a Central. O Paulinho, o Juruna e o Miguel têm uma responsabilidade muito grande em não deixar que a Força caia nas mãos de aventureiros. E aventureiro existe na política, no sindicalismo, nas empresas, em todo lugar. Quero estar vivo daqui a uns dez anos para poder visitar esses companheiros sempre. Eu ainda colaboro com a Força e vou colaborar enquanto tiver uma direção desse tipo. Jamais ficaria em uma central sindical que fizesse o jogo da direita, o jogo das classes dominantes.

Acho que é preciso haver uma central como a Força Sindical, inserida no movimento e cada dia mais uma central-cidadã. A Força é uma central que veio para ficar!

Notas da redação

(1) José Campos Barreto, o Zequinha, foi líder da greve metalúrgica de 68 em Osasco e histórico militante socialista, assassinado pelas forças da repressão ainda jovem, em 1971, junto com o capitão Carlos Lamarca.

(2) Carlos Lamarca foi um capitão do Exército Brasileiro que, discordando da ditadura, se incorporou ao grupo de militares dissidentes, tornando-se um dos seus principais opositores. Lamarca tornou-se comandante guerrilheiro e integrante da Vanguarda Popular Revolucionária. Procurado pela repressão, foi localizado na região do Agreste baiano, em 17 de setembro de 1971, e morto por um Comando Especial do Exército.

(3) Domingos Fernandes, ecologista, é um dos fundadores do Partido Verde. Recentemente reingressou aos quadros do PDT.

(4) A Conferência das Nações Unidas sobre o Meio Ambiente e o Desenvolvimento, Rio 92 – ou Eco 92 –, realizada entre 3 e 14 de junho de 1992, no Rio de Janeiro, foi um marco no ambientalismo global, consagrando o conceito de desenvolvimento sustentável. Fernando Collor de Mello, presidente do Brasil naquele ano, transferiu, durante o evento, a Capital Federal de Brasília para o Rio de Janeiro, fazendo com que a cidade revivesse o posto que ocupou de 1763 a 1960.

(5) Fernando Gabeira, jornalista e político, é conhecido por ter participado da luta armada contra o regime militar, como militante do MR-8 (Movimento Revolucionário 8 de Outubro) e por sua atuação no Partido Verde (do qual é membro-fundador).

(6) Ciro Gomes foi ministro da Fazenda em 1994, a convite do então presidente Itamar Franco. Foi também candidato à Presidência do Brasil em 1998 e em 2002, pelo PPS. Em 2002, a chapa pela qual Ciro foi candidato contava com Paulo Pereira da Silva (PDT) como vice.

(7) Francisco Dornelles foi ministro da Indústria e Comércio e ministro do Trabalho no governo FHC. Em 2006, foi eleito senador da República pelo Estado do Rio de Janeiro. Hoje é também presidente Nacional do PP (Partido Progressista).

(8) Paulo Paiva foi ministro do Trabalho, no governo Fernando Henrique Cardoso, de 1º de janeiro de 1995 a 31 de março de 1998.

FORÇA SINDICAL E AS MULHERES

Nair Goulart

Metalúrgica, presidente da Força Sindical Bahia, vice-presidente da CSI – Confederação Sindical Internacional. Participou da fundação da Força Sindical e foi a 1ª secretária Nacional das Mulheres da Central.

Entrevista realizada em 21 de março de 2011.

Mulheres sindicalistas na fundação da Força Sindical

Nós, mulheres trabalhadoras, que atuávamos naquela época (início da década de 1990), vimos que o movimento sindical brasileiro não levava em conta nossas pautas específicas, como a correção de salários diferenciados. As mulheres realizavam os mesmos trabalhos que os homens em vários setores, mas ganhando salários menores. É verdade que, mesmo estando cada vez mais presentes no mercado de trabalho, ainda temos essas reivindicações. Mas naquele momento a coisa era ainda mais grave. Contemplar as trabalhadoras era uma necessidade. E, além de nossas reivindicações não serem incorporadas à pauta do movimento sindical, nossa participação nas negociações coletivas era muito pequena.

Nair Goulart.

Então, quando surgiu a ideia de se fundar a Força Sindical, fizemos um encontro que reuniu mais de trezentas mulheres de vários sindicatos do Brasil, sobretudo nos setores de vestuário, da alimentação, do comércio, de asseio e conservação, no ramo químico, no Sindicato dos Brinquedos, além de muitas metalúrgicas, para discutir de que forma participaríamos desta nova instituição.

O encontro foi em fevereiro de 1991, um mês antes da fundação da Força Sindical, na sede do Sindicato dos Comerciários, em Cotia (SP).

Resolvemos ali que não só queríamos ter mulheres na direção da Central, como também queríamos que aquele movimento, que estava começando, se comprometesse em lutar na defesa da nossa agenda. No Congresso de 8 de março de 1991 levamos nossa pauta para discuti-la com os dirigentes.

Desta forma, a Força Sindical resultou de um processo do qual participaram várias mulheres, que se empenharam em garantir o compromisso com nossa agenda. Uma agenda que consistia, basicamente, na luta contra a violência, por maiores oportunidades no mercado de trabalho, pela igualdade salarial, contra o assédio sexual e o assédio moral no trabalho.

Secretaria Nacional da Mulher

Mariazinha, Ruth Coelho, Nair e Elza, no congresso que discutiu a participação das mulheres na fundação da Força Sindical no Rio de Janeiro (RJ), setembro de1991.

No congresso de fundação da Força Sindical, sentimos a necessidade de aprimorar a preparação da nossa Secretaria. Estávamos cansadas de organizações que não respondiam às demandas das mulheres. Por isso nos demos um tempo maior para construir a Secretaria da Mulher de forma mais apurada. E foi o que fizemos. Em setembro de 1991, realizamos, no Riocentro (RJ), um congresso com mais de mil mulheres para criar a Secretaria Nacional da Mulher da Força Sindical, para a qual fui eleita 1ª secretária. Foi um congresso bem maior do que o encontro que havíamos realizado em fevereiro. Constituímos a Secretaria em nível nacional e fomentamos a instalação de Secretarias estaduais. Durante vários anos nos dedicamos à criação e à ampliação da Secretaria.

No primeiro e segundo mandatos, fizemos parcerias com diversas centrais sindicais do mundo, e criamos um programa de formação sindical para mulheres. Assim, fomos construindo uma política para as mulheres dentro da Força, em parceria com a CLC (*Canadian Labour Congress*), do Canadá, que financiou um programa de formação que preparava as mulheres para a negociação coletiva.

Cota de 30%

Para o 3º Congresso da Força Sindical, em 1997, no Palácio do Trabalhador (bairro da Liberdade, em São Paulo), preparamos um projeto de cotas de, no mínimo, 30% de mulheres nas direções Nacional e Estaduais da Força Sindical. Para isso fizemos uma campanha com um fôlder explicando o que era e o que significava a cota. Fizemos também uma fitinha roxa, que colocávamos nas pessoas que nos apoiavam. Quando nos demos conta, a grande maioria do congresso estava com a fitinha roxa. A maioria nos apoiava, e a proposta foi aprovada. Mas foi uma briga. O (Luiz Antonio de) Medeiros ficou bravo e nos acusou de querer desestruturar o congresso. Foi algo que teve forte repercussão. Tanto que os jornais do dia seguinte ao congresso estamparam em suas manchetes: "Mulheres querem 30% e racham a Força Sindical". Aí é que o Medeiros ficou bravo mesmo, e nos chamou para conversar. Mas nós defendemos que aquilo era a nossa pauta, e que íamos brigar por aquele direito.

Depois disso, o dono da *Folha de S.Paulo* (1) disse ao Medeiros que queria me conhecer, porque, segundo ele, eu era "uma estrategista", por ter conseguido aprovar, no congresso da Força Sindical, a cota de 30%, algo que nem a CUT havia feito. Foi uma coisa muito importante e decisiva na história da Central.

Valclécia Trindade no ato comemorativo ao Dia da Mulher, março de 2011.

Mudanças na Central

Quando o Paulinho (Paulo Pereira da Silva) assumiu a presidência da Força Sindical, em 1999, ele deu uma dimensão muito mais dinâmica e aberta à Central, aumentando as perspectivas de inserção na sociedade. É importante lembrar que, quando fundamos a Força Sindical, sentimos grande resistência de outros setores do movimento sindical. Dizia-se que nós não representávamos os trabalhadores, e que éramos uma "central de patrões". Sabe aquela linguagem para desconstruir? Foi difícil enfrentar tanto os empresários quanto outros sindicalistas. Com a entrada do Paulinho essas críticas perderam o foco.

Lutas das mulheres

Nos primeiros anos da Secretaria procuramos dar instrução às mulheres para que participassem das negociações coletivas. Nossa intenção era prepará-las para que assumissem postos nos sindicatos, entrassem para as diretorias e fizessem com que os sindicatos abraçassem suas reivindicações nas campanhas salariais.

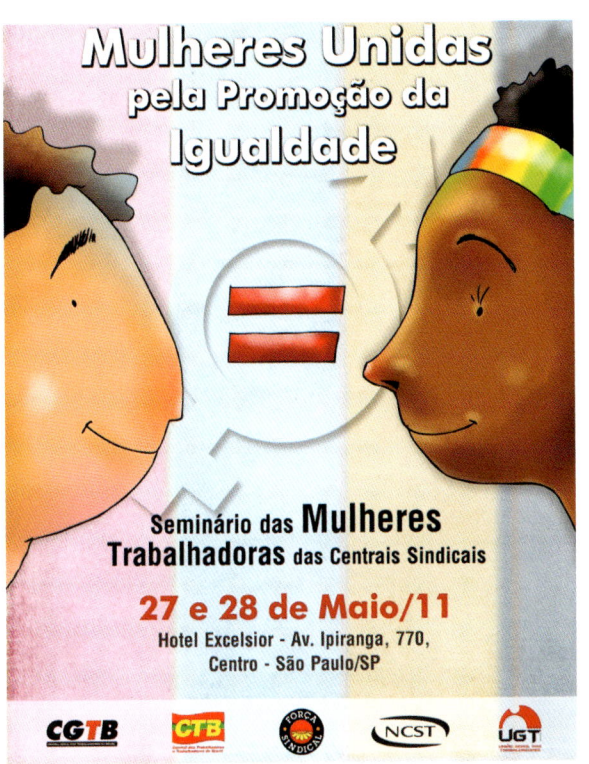

Cartaz do Seminário das Mulheres Trabalhadoras das centrais sindicais.

Cláudio Magrão, Nair e Mônica, na Conferência Nacional da Classe Trabalhadora, junho de 2010.

Isto tornaria possível trabalhar por equidade, promoção de cargos e carreiras, qualificação profissional, oportunidades de melhorar o salário e aumentar o benefício para a creche. Trabalhamos estas pautas em várias categorias, que passaram a abrir mesa de negociação com as mulheres. Era algo que não existia até então. A pauta era sempre centrada nos grandes temas, como aumento salarial. Buscamos incorporar a essas campanhas gerais o que chamamos de "Pauta das Mulheres", de forma que não fizéssemos uma luta segmentada, mas atrelada às bandeiras da Central.

Assim, ações como as lutas pela valorização do salário mínimo, pela redução da jornada de trabalho, pelo combate ao desemprego e a luta pelo desenvolvimento com distribuição de renda, que a Força Sindical desenvolve, atende também às mulheres. Isto porque, segundo os indicadores do IBGE, são elas que sofrem mais com a pobreza e com o desemprego, e as que têm salários mais baixos. E que, em contrapartida, chefiam um terço das famílias brasileiras. Quando se consegue melhorar a distribuição de renda e o salário mínimo, um contingente imenso de mulheres é beneficiado.

Hoje, temos muito mais mulheres à frente de instituições como sindicatos e federações. Não só temos mais Secretarias de Mulheres em vários sindicatos e federações da Força, como também há mais mulheres nas diretorias executivas dessas instituições. A presidente atual da Confederação Nacional dos Trabalhadores Metalúrgicos (CNTM), por exemplo, é uma mulher, a Mônica (2).

Na direção da OIT

A OIT (Organização Internacional do Trabalho), sendo uma instituição das Nações Unidas, tem representação tripartite – do governo, dos empregadores e dos trabalhadores. Eu representei os trabalhadores do Brasil no mandato passado, mas agora terá uma nova eleição. A maior referência da OIT são as Convenções internacionais, às quais os países podem aderir. Das oito Convenções dos direitos fundamentais dos trabalhadores, o Brasil já ratificou sete. Não assinou apenas a Convenção 87, que trata justamente da liberdade sindical, mas ratificou as Convenções que tratam da igualdade salarial, contra o trabalho infantil, contra o trabalho forçado, o trabalho escravo e a Convenção da negociação coletiva do servidor público. Em suma, o Brasil assinou as principais Conven-

Maria Auxiliadora, a segunda da esquerda para a direita, ao lado de Dilma Rousseff, no ato: "Mulheres trabalhadoras com Dilma presidenta", na campanha eleitoral de 2010.

ções, o que faz com que sejamos uma importante referência internacional.

O fato de não ter ratificado a Convenção 87 deu-se pela falta de unidade entre os empregadores e entre os trabalhadores. E se o Brasil decidir adotar essa Convenção sobre liberdade sindical, será preciso mudar a Constituição Brasileira em seu Artigo 5º.

A eleição de Dilma Rousseff

A luta pela participação política das mulheres começou há décadas, com a conquista do voto feminino, em 1932. Mas avançamos lentamente. Nas eleições de 2006 e 2010, por exemplo, elegemos o mesmo número de deputadas, apenas 45. Não representamos nem 10% do total de 513 parlamentares. No Senado é um pouco mais. Por isso precisamos de lei de cotas.

A eleição de Dilma Rousseff desmistifica o preconceito de quinhentos anos de que as mulheres não combinam com a política, mostrando que estamos preparadas para exercer o poder em seu mais alto grau. A Dilma já é a 11ª mulher a ser eleita presidente na América Latina. Só na Argentina, duas mulheres já alcançaram a Presidência: a Isabelita (3) e a Cristina (4). Desta forma, penso que a vitória da Dilma tem um grande simbolismo.

E, mais do que isso, a Dilma traz uma preocupação típica de quem entende as dificuldades das mulheres, como a responsabilidade com os filhos. A realidade é que os pais não querem saber se o filho é pequeno, de dois, três anos ou seis meses. Em geral, isso não muda nada na vida dele. E para nós, mulheres, não ter onde deixar o filho é um problema muito sério.

Há pouco a Dilma reafirmou este compromisso lançando um programa para mulheres gestantes, que foi promessa de campanha, o Rede Cegonha. O programa beneficia mulheres expostas a pré-natais malfeitos, à mortalidade materna, à falta de apoio, falta de creche. Por isso acredito que ela vai proporcionar um salto na qualidade de vida das mulheres.

A Dilma também pode avançar em outras de nossas bandeiras. Com a caneta na mão, ela tem condições de pressionar o Estado e garantir melhores condições para as mulheres. Nossa esperança é a de que ela possa fazer essa diferença, abrir esse espaço e mostrar que podemos participar da política.

Perspectivas de avanços

Temos boas perspectivas em termos de crescimento das mulheres em nosso País. E não só em participação no mercado de trabalho. O ideal seria chegar a 50% de mulheres no parlamento, nas câmaras de vereadores, nas prefeituras, e que tenhamos uma sociedade com mais igualdade e equidade.

Se nós tivermos isto, toda a sociedade estará bem, e o País estará mais avançado. Veja o caso da Islândia, com um monte de mulheres no parlamento, uma mulher como primeira-ministra, as responsabilidades compartilhadas, os homens dividindo as tarefas familiares. É um povo mais feliz, um bom exemplo.

Notas da redação

(1) Otávio Frias de Oliveira (1912/2007) foi um jornalista e empresário brasileiro, proprietário do conglomerado Folha da Manhã, empresa que edita o diário *Folha de S.Paulo*, o jornal *Agora*, o portal de internet Universo Online (UOL) e é proprietária do Instituto Datafolha, editora Publifolha, gráfica Plural e o diário econômico *Valor*, em conjunto com as Organizações Globo.

(2) Mônica Oliveira Lourenço Veloso, secretária-geral do Sindicato dos Metalúrgicos de Osasco, e membro da Direção Executiva da Força Sindical, assumiu a presidência da CNTM em maio de 2011.

(3) María Estela Martínez, conhecida como Isabelita Perón, foi a primeira mulher a ocupar a Presidência da República Argentina, em 1974, após a morte de seu marido, Juan Domingo Perón (foi a 3ª esposa de Perón), eleito por uma chapa denominada Perón-Perón (Juan presidente, Isabelita vice). Em 24 de março de 1976 Isabelita foi deposta pela ditadura militar.

(4) Cristina Kirchner é a atual presidente da Argentina.

Pluralidade, independência e união

Paulo Pereira da Silva, Paulinho

Metalúrgico, presidente da Força Sindical e deputado federal pelo PDT-SP. Foi presidente do Sindicato dos Metalúrgicos de São Paulo e participou da fundação da Força Sindical em 1991.

Entrevista realizada em 04 de março de 2011.

A criação da Força Sindical

Em 1981, na Conclat (Conferência da Classe Trabalhadora), houve a ideia de se criar uma central de trabalhadores que fosse única. Não era para ter duas. Mas houve um racha e acabaram nascendo a CUT (Central Única dos Trabalhadores) e a CGT (Confederação Geral dos Trabalhadores), fundadas em 1983 e 1984. Posso dizer que a maioria do movimento sindical ficou com a CGT, embora aquela central representasse um sindicalismo muito atrasado, agarrado ao sistema. Se, por um lado, a CGT não representava o movimento sindical, por outro, a CUT vinha avançando muito, ganhando sindicatos e muita importância. Em toda eleição que havia, a CUT saía vencedora.

Naquela época eu ainda estava na fábrica, mas já pertencia ao quadro do Sindicato dos Metalúrgicos de São Paulo. Não era um dos principais líderes do movimento sindical, mas acompanhava tudo. E então começamos a ter a ideia de criar uma outra central que pudesse representar os sindicalistas que não se encaixavam nas opções que haviam. Foi assim que criamos a Força Sindical.

E o que a CUT fez? Inventou um discurso para tentar nos desqualificar. Diziam que éramos uma central patronal, feita pelo presidente Fernando Collor, e que não tínhamos futuro.

Em um primeiro momento conseguimos nos manter apoiados em quatro grandes categorias: metalúrgicos, alimentação, comerciários e construção civil. Dos dezesseis ramos de produção no Brasil, em quatro, talvez os mais importantes, tínhamos maioria. Com isso ganhamos sustentação, e tudo aquilo que a CUT dizia começou a ir por água abaixo.

Pluralidade partidária

Desde sempre mantivemos nossas posições: pluralidade partidária com unidade interna e independência em relação aos governos. Estamos reafirmando essa posição. Nós não temos isso de apoiar cegamente um governo ou ser totalmente oposição a outro. Quando o Fernando Henrique foi presidente, por exemplo, mesmo ele sendo uma pessoa próxima, a Força Sindical protagonizou uma importante greve geral contra o governo para ressarcir a correção monetária do FGTS (Fundo de Garantia do Tempo de Serviço), perdida durante o governo Collor. Agora, mesmo apoiando o governo do PT (Partido dos Trabalhadores), ficamos incomodados com a determinação do salário mínimo, no início do governo Dilma, porque achamos que não corresponde ao caminho que o Lula vinha trilhando. Apoiamos a Dilma, fomos para a rua com ela, mas não é por isso que vamos concordar com o arrocho do salário mínimo, que é a base de quarenta milhões de pessoas.

Com esta postura a Força Sindical demonstra sua independência em relação aos partidos e aos governos. É importante frisar que nunca estivemos ligados a um partido. Tem gente de todos os partidos na Central, do PT ao DEM (Partido Democrata), da esquerda à direita. Eu, por exemplo, sou do PDT (Partido Democrático Trabalhista). Antonio de Souza Ramalho, um dos vice-presidentes, é suplente na Assembleia Legislativa de São Paulo pelo PSDB (Partido da Social Democracia Brasileira). Tem também o João Ramalho, que é deputado estadual pelo PDT em Minas. E o Jorginho (Jorge Nazareno presidente do Sindicato dos Metalúrgicos de Osasco), que é presidente do Conselho Fiscal da Força e é do PT. Ou seja, temos uma pluralidade bastante interessante que sempre procuramos manter. Por isso temos relação com os principais partidos, e isto incomoda muita gente que gostaria que tivéssemos uma tendência única.

Durante o governo FHC

No início do governo Fernando Henrique, em 1994, a Força Sindical tinha três anos. Estávamos começando. Eu nem na diretoria estava. Em 1991, eu era vice-presidente da Força em São Paulo e secretário-geral do Sindicato dos Metalúrgicos de São Paulo. Em 1993, no nosso 2º Congresso, eu passei a ser um dos vice-presidentes, e assumi a presidência dos Metalúrgicos de São Paulo. Como vice-presidente,

Paulinho em manifestação da Força Sindical, São Paulo (SP), por volta de 1995.

Manifestação pelas reformas estruturais (RJ), 1998.

na época do (Luiz Antonio de) Medeiros, trabalhei na organização da Força. E quando o Medeiros se afastou, eu assumi a presidência da Central.

No início da minha gestão como presidente da Força Sindical, me empenhei em organizar a Central pelo Brasil. Podemos dizer que, entre 1994 e 2002, conseguimos organizá-la por todo o território nacional. Durante o período Fernando Henrique trabalhamos muito para isso. E realizamos várias outras lutas.

Uma delas, das grandes, foi a negociação do Fundo de Garantia do Plano Collor. Isso aconteceu porque 42 milhões de pessoas haviam sofrido perdas do FGTS, e uma parte havia entrado na Justiça. Foi uma grande batalha recuperá-las.

Sugeri então ao Fernando Henrique, que era e ainda é meu amigo, que fizesse um acordo e pagasse pelas perdas do Fundo durante o Plano Collor, mesmo para quem não houvesse entrado na Justiça. Foi uma negociação que envolveu 42 milhões de pessoas. Destas, 37 milhões receberam o Fundo. Recentemente, o então ministro do Trabalho, Francisco Dornelles, disse que este talvez tenha sido o maior acordo já feito na história.

Este é um exemplo. Tivemos também a manifestação em relação à reforma da Previdência. Havia uma tentativa de aumentar a idade mínima para aposentar-se e nós fomos contra. Foi a primeira paralisação na qual a Força Sindical se uniu à CUT para organizar uma greve nacional. Embora não tenha parado o Brasil, esta greve foi uma das maiores do País, e barrou a reforma da Previdência. Juntamente com a negociação do Fundo de Garantia, foram as conquistas mais importantes daquele período.

Participação nos Lucros ou Resultados (PLR)

Há uma coisa importante na qual, pessoalmente, me empenhei, e posso dizer que consegui realizar. No último ano do governo Itamar, em 1994, elaborei um acordo de Participação nos Lucros ou Resultados (PLR) em São Paulo. Fizemos uma proposta de medida provisória, tratamos com o Ciro Gomes, que era o ministro da Fazenda, e o Itamar assinou. Faltavam dois dias para ele terminar o governo. E hoje, graças a essa medida, 90% dos trabalhadores brasileiros têm participação nos lucros ou resultados das empresas. Na época muitos ficaram contra. Diziam que ia tirar o aumento real de salário. Mas mantivemos a PLR e continuamos tendo aumento real de salário. Pode parecer pouca coisa, mas, por exemplo, os trabalhadores das montadoras do Paraná receberam, em 2010, dez mil reais a mais, cada um, de participação nos lucros. Isto significa alguns milhões ou bilhões de reais que entram na economia. Significa permitir que o trabalhador participe daquilo que produz. Vale dizer que não é uma lei que obriga as empresas a dar a PLR; os Sindicatos têm de ir empresa por empresa, com o acordo coletivo, para negociar isso.

Durante o governo Lula

No primeiro mandato do governo Lula eu, particularmente, não o apoiei. Vínhamos de um desgaste muito grande no governo Fernando Henrique devido à sua política, voltada para o setor financeiro, de altos juros, que beneficiava aqueles que queriam ganhar sem trabalhar. E o Lula, no começo, manteve isto. Tanto que, em seus primeiros dois anos de governo, ele manteve 2% de aumento real do salário mínimo por ano.

Mas muita gente da Força o apoiou, como o João Inocentini, presidente do Sindicato Nacional dos Aposentados, e o Juruna (João Carlos Gonçalves), secretário-geral da Força Sindical. Foi um período bastante conturbado devido às denúncias do "Mensalão" (1). O governo mudou muito depois do Mensalão, e foram os movimentos sociais que garantiram a Presidência para o Lula. Os trabalhadores perceberam que a elite poderia dar um golpe e tirar o trabalhador do Poder. Em minha opinião, foi ali que o Lula deu uma guinada, e passou a tratar as centrais sindicais e os movimentos sociais muito bem.

Houve muita discussão interna na Força, e isto ajudou a nossa consolidação como uma central plural. Foi uma época de grandes atividades, na qual iniciamos, em 2004, as marchas das centrais sindicais, que ajudaram a consolidar a unidade, ainda que com dificuldades, porque cada uma tem suas próprias tendências.

Em seu segundo mandato, a grande maioria dos diretores da Força apoiou o Lula. Era difícil não apoiá-lo, uma vez que seu governo ajudou muito os movimentos sociais, especialmente as centrais sindicais.

E, depois das eleições, ele realmente consolidou sua política de avanços na área social. Um dos maiores exemplos disso é a valorização do salário mínimo. Nós tínhamos um salário mínimo muito baixo, em torno de oitenta dólares. E durante o governo Lula começamos a negociar sua recuperação. Conseguimos chegar a mais ou menos

Paulinho com Leonel Brizola, na comemoração do 1º de Maio, em São Paulo (SP), 2003.

trezentos dólares, beneficiando 49 milhões de brasileiros. Ainda não é nenhuma maravilha, mas melhorou a vida de muita gente.

É importante dizer, também, que em 2007 conquistamos a legalização das centrais sindicais no Brasil. Embora esta ação ainda esteja no Supremo (2), a legalização representa o ápice da nossa organização sindical. Sua conquista se deu à custa de muita luta, nas quais eu, particularmente, como deputado, me empenhei muito.

A luta pelas 40 horas

A questão das 40 horas é uma luta muito difícil. No Brasil, apenas duas vezes, em quinhentos anos de história, a jornada de trabalho foi alterada. Em 1943, quando o Getúlio (Vargas) regulamentou as oito horas diárias na Constituição – em uma época em que haviam jornadas de quinze, dezesseis horas. E depois, na Constituição Cidadã, em 1988. Naquele ano havia uma luta muito grande dos trabalhadores para reduzir de 48 para 40 horas. Foi feito, então, um acordo com aquele famoso "Centrão" (3) que existia na Constituinte para baixar a jornada semanal de trabalho para 44 horas. Além disso, os trabalhadores conquistaram um terço de férias, licença-maternidade de 120 dias – e licença-paternidade de cinco dias – e a multa sobre o Fundo de Garantia subiu de 10% para 40% na dispensa sem justa causa. Em suma, desde 1988 a gente vem brigando por 40 horas.

Esta redução é possível. A Volks, por exemplo, tinha 44 mil trabalhadores que produziam trezentos carros. Hoje tem doze mil que produzem 2.200 veículos. A produtividade das empresas mais do que duplicou, quadruplicou. É por isso que mexer na jornada é muito importante. E, por ser tão importante, é mais complexo. Não é como aumentar salário, em que se estabelece um preço. Jornada de trabalho significa ganho de qualidade de vida.

Manifestantes do Sindicato dos Metalúrgicos de Guarulhos (SP) em ato pela redução da jornada de trabalho, em 2010.

É uma luta de classe. No início de 2010 quase chegamos a votar a medida, mas havia pelo menos três mil empresários em Brasília pressionando contra. Sentimos nesta situação o quanto a bancada dos trabalhadores no Congresso Nacional é pequena. Nós conseguimos eleger 62 deputados e seis senadores, enquanto eles têm 242 eleitos. É desigual, e na hora do vamos ver, da luta de classe, cada um tem o seu lado.

Manifestação unitária dos Comerciários de Minas Gerais, em campanha salarial, 2010.

Mudanças nas relações sindicais e de trabalho

De 20 anos para cá mudaram muito as relações dos empregados com as empresas. Antes tínhamos que brigar até por coisas básicas, como por exemplo para ter bebedouro, papel higiênico, café com leite e pão com manteiga nos locais de trabalho. Hoje, a realidade é outra. De um modo geral há uma melhoria nas relações. Antigamente nem tínhamos com quem falar. Chegávamos à porta da fábrica e logo chegava a polícia. Íamos presos de manhã, à tarde e à noite. Já fui preso duas vezes no mesmo dia (risos).

Antes não tínhamos nenhum poder de resolução com o departamento de pessoal. Hoje dialogamos com os principais empresários do Brasil, com todas as federações das empresas, das indústrias e com os empresários do setor produtivo. E quando se trata de uma multinacional, acionamos nossas relações internacionais para nos comunicar com as centrais de fora do País.

Geralmente, quando o presidente de uma grande empresa assume a direção por aqui, a primeira coisa que ele faz é chamar o sindicato para conversar, porque quer manter relação com a Central. Hoje, essas relações são boas. O que não significa que, quando precisar, não vai haver greve. Na crise financeira (iniciada na Bolsa de Nova Iorque em 2008), pedimos para baixar imposto, liberar crédito. Toda aquela pressão que havia sobre o governo era feita por trabalhadores e empresários.

Mudança de perfil do trabalhador

O trabalhador hoje é uma pessoa muito mais qualificada. A grande maioria tem mais escolaridade do que há 20 anos. Esta nova realidade também nos levou a mudar nossa abordagem. O dirigente sindical precisou aprimorar seu discurso. Hoje, só fazemos a mobilização se existirem motivos concretos em jogo. Não adianta ir à porta da fábrica e ficar criticando se não houver um assunto que mobilize os operários.

Com a maior facilidade para negociar que existe hoje, muitas vezes, em uma greve, não precisamos parar a fábrica toda. Quando se para a fábrica inteira, todos passam a perder dias. Não dá para fazer uma greve de trinta dias porque os trabalhadores acabam perdendo salário.

Um dia nós paramos a tapeçaria da Ford. A Ford tinha 5,6 mil trabalhadores, e nós paramos só a tapeçaria, que tinha sessenta pessoas responsáveis por montar os bancos. Aí eles iam fabricando carro, mas não tinha banco (risos). Então, a empresa resolveu chamar todo o pessoal e perguntou: "O que vocês querem?". A reivindicação não era dos sessenta, era da fábrica toda. E a empresa atendeu e pagou até os dias parados. É um procedimento mais inteligente.

Principais bandeiras da atualidade e os desafios da Força

Hoje, a Força Sindical está bastante consolidada. Estamos organizados em todos os Estados e no Distrito Federal. Temos muita força nos principais setores da economia privada. Desta forma, o principal desafio que se impõe é avançar para o setor público, que está descontente com a CUT. Há uma margem para crescer nesse setor.

Na questão da luta dos trabalhadores, acho que o principal desafio – não apenas da Força – é acabar com o malfadado fator previdenciário, que corrói a aposentadoria na hora em que a pessoa precisa parar de trabalhar. O segundo é reduzir a jornada de trabalho. Depois disso, precisamos regulamentar a terceirização. Hoje, tem empresas em que toda a produção é terceirizada, "quarterizada", "quinterizada"... não se sabe mais quem é o patrão. É preciso regulamentar e garantir que os trabalhadores mantenham os seus direitos e os direitos específicos de sua categoria. Precisamos também resolver a questão da contribuição sindical. Nossa preocupação é com o enfraquecimento sindical. À medida que um sindicato não tem recursos para manter sua luta, pode ter um enfraquecimento das suas categorias, e aí sim, você tem uma investida da direita, dos setores conservadores, em cima dos direitos. Por fim, acho que a questão da Previdência é fundamental, e o governo vai ter de negociar muito se quiser mexer. Tem de ser com consenso, com tranquilidade.

Arquivo Sindicato dos Trabalhadores na Construção Civil de São Paulo

Antonio de Souza Ramalho, presidente do Sindicato dos Trabalhadores na Construção Civil de São Paulo, em assembleia com trabalhadores, agosto de 2010.

Avanços na luta pelos direitos dos trabalhadores

Sobre os direitos dos trabalhadores, nós achamos que são poucos, mas os empresários acham que são muitos. Esses direitos foram conquistas históricas. O Fundo de Garantia, o 13º salário, o tal do abono de Natal. Muitos são ainda da época de Getúlio Vargas. Além destes, quais outros direitos os trabalhadores têm garantidos na Constituição? É muito difícil conquistar.

Mas houve lutas e avanços importantes, como a participação nos lucros no governo Itamar – que fez com que hoje milhões e milhões de brasileiros tenham recebido um dinheirinho – a negociação do Fundo de Garantia no governo Fernando Henrique, a valorização do salário mínimo no governo Lula – que diminuiu a desigualdade social –, e a legalização das centrais sindicais.

As campanhas salariais têm um grande impacto na renda das pessoas. E geram um efeito em cadeia: se há crescimento econômico, há aumento de salário. Com o aumento da média salarial, aumenta a renda, aumentando a renda, aumenta o consumo e o número de empregos.

E, quanto à legalização das centrais, mesmo que isso não seja percebido pelo trabalhador, ela é muito importante, porque melhora nossa estrutura e agrega os sindicatos pequenos, fazendo com que todos se fortaleçam.

Os 20 anos da Força

Foram 20 anos de lutas, de conquistas, de convencimento dos dirigentes sindicais para a unidade das centrais. Eu diria que estamos aprendendo a construir uma central sindical, porque o Brasil nunca teve isso. Toda vez que houve um golpe no Brasil, os primeiros a sofrer foram os sindicatos, que tinham seus dirigentes presos, torturados, mortos. Por isso, estes 20 anos nos quais vivemos sob uma democracia foram de aprendizado. Aprendemos como nos unir para poder conquistar coisas que, normalmente, não estão ao alcance de um sindicato.

Daqui a 20 outros anos esta organização, certamente, estará muito mais fortalecida. Nossa experiência será muito importante para os trabalhadores jovens, que estão entrando no mercado de trabalho. E já que o trabalho está se tornando uma ação muito individualizada, é importante que estes jovens saibam que é necessário se unir, manter sua filiação ao seu sindicato e manter a sua participação. Porque é isto que garante não apenas os direitos que eles têm, mas a ampliação desses direitos no futuro.

Notas da redação

(1) Escândalo do Mensalão (ou "esquema de compra de votos de parlamentares"): é o nome dado à maior crise política sofrida pelo governo do presidente Luiz Inácio Lula da Silva em 2005/2006 no Brasil.

(2) Projeto de Lei 1.990/07 do Poder Executivo que reconhece as centrais sindicais como entidades de representação geral dos trabalhadores. O processo no STF (Supremo Tribunal Federal) foi protocolado pelo DEM com ação de inconstitucionalidade.

(3) O grupo majoritário na Constituinte era o Centro Democrático, chamado de "Centrão", formado por uma parcela dos parlamentares do PMDB, pelo PFL, PDS e PTB, além de outros partidos menores. O "Centrão", apoiado pelo Poder Executivo e por representantes das tendências mais conservadoras da sociedade, conseguiu influir decisivamente na regulamentação dos trabalhos da Constituinte.

DEPOIMENTOS

SINDICALISMO DEMOCRÁTICO E CIDADÃO

João Carlos Gonçalves, Juruna

Metalúrgico, secretário-geral da Força Sindical e vice-presidente do Sindicato dos Metalúrgicos de São Paulo. Foi da Direção Nacional da Juventude Operária Católica (JOC) na década de 1970, participou da fundação da Força Sindical em 1991 e foi presidente do Dieese em 1994.

Jornada Nacional de Lutas, Florianópolis (SC), julho de 2011.

Entrevista realizada em 10 de março de 2011.

Nascimento das centrais sindicais

O processo de nascimento das centrais sindicais teve início em 1981, quando os trabalhadores decidiram fazer a Conferência das Classes Trabalhadoras (Conclat), que pode ser considerado o primeiro congresso unitário. Naquela ocasião, todas as correntes políticas, sindicais e partidárias, que atuavam no movimento sindical, decidiram realizar novo congresso, em 1983, para a fundação de uma central sindical. Foi tirada dali, desta forma, a chamada Comissão Pró-CUT.

Mas, nos debates que apontavam para o Congresso de 1983, e para o nascimento da atual CUT (Central Única dos Trabalhadores), houve uma divisão do movimento. E esse racha se deu principalmente em torno da contribuição sindical e da unicidade sindical, que significa ter um sindicato na base, uma federação no Estado e uma confederação nacional. A discussão, portanto, era unicidade *versus* pluralidade, como defendiam alguns companheiros do Partido dos Trabalhadores (PT), que também estava nascendo naquele momento (1980).

Além disso, a questão de abrir a possibilidade de não apenas as entidades sindicais, mas também as organizações, as oposições e as associações sindicais filiarem-se à central, também rachou o movimento. Do Partidão PCB (Partido Comunista Brasileiro) ao setor que já estava na estrutura sindical, vários sindicalistas achavam que apenas as entidades sindicais já registradas deveriam filiar-se. Com isso, em 1983, os setores que defendiam a unicidade sindical acabaram não indo para o congresso.

Joaquim dos Santos Andrade (Joaquinzão), ao receber o prêmio Wladimir Herzog para o Sindicato dos Metalúrgicos de São Paulo, outubro de 1981.

O nascimento da CUT, portanto, já se dá com um racha no movimento. As entidades que não se filiaram a ela, e que não fizeram parte desse processo (membros do Partidão, do PDT, do PCdoB, além de setores mais conservadores, que estavam na estrutura de federação, confederação e sindicatos) buscaram um meio de se fazer representar, chamando um novo Conclat e buscando uma articulação em torno da chamada unidade sindical.

Inicia-se, então, uma experiência de unidade de ação no movimento.

O Sindicato dos Metalúrgicos de São Paulo, que era presidido pelo Joaquinzão (Joaquim dos Santos Andrade), tinha mais de quatrocentos mil trabalhadores naquela época (início da década de 1980), congregava vários setores e era uma referência para o movimento sindical. Mas internamente havia uma grande variedade de posições e uma forte "oposição sindical metalúrgica", composta pelo pessoal do Partidão, do PCdoB, do MR-8, além de sindicalistas mais radicais, ligados ao nascimento do PT, que acabaram rompendo com a oposição e entrando com a chapa do Joaquim, em 1981. Esta oposição acabou rompendo e se inserindo na articulação criada pelo Miguel Huertas (1) com o Joaquim, no Sindicato dos Metalúrgicos.

Ou seja, em 1983, o racha não foi simplesmente entre os "autênticos" e os "conservadores". Foi um conflito de posições políticas e sindicais. Com esta configuração realizamos a greve de 1983 e a primeira campanha salarial unificada, em 1985, na qual conseguimos a redução da jornada de 48 para 44 horas semanais.

Essa experiência possibilitou que se pensasse em uma nova estrutura que não fosse a Central Única dos Trabalhadores, nascida em 1983.

Raízes da Força Sindical

Em 1986, no 8º Congresso do Sindicato dos Metalúrgicos de São Paulo, foi proposto que o sindicato se filiasse à nascente CGT (Confederação Geral dos Trabalhadores). E aí acontece algo inédito no sindicato: mesmo com o Joaquinzão na presidência daquela central, houve um repúdio a essa proposta no congresso, que reunia cerca de cinco mil pessoas. Decidimos não nos filiarmos nem à CUT nem à CGT. A ideia foi repudiada por uma aliança entre oposição e setores da diretoria, entre os quais eu me encontrava ao lado do Walter Schiavon (2), Geraldo Magela (3) e Nair Goulart. Fiquei na direção até 1987, depois me afastei.

O Joaquim, desta forma, foi presidente da CGT sem que o seu sindicato fosse filiado a ela. O sindicato ficou independente e com um carimbo de ser um defensor da unidade geral.

Rogério Magri, eletricitário, presidente da CGT entre 1988 e 1989.

Por outro lado, havia setores da CUT, como a turma do José Ibrahim, de Osasco; a do Arnaldo Gonçalves, que era unidade sindical dos Metalúrgicos de Santos; o Medeiros, além de sindicatos e várias outras pessoas que estavam descontentes e começaram a observar que poderia existir outra saída.

E a conversa chegou aos partidos políticos, como o Partidão e o PDT. O Brizola, que defendia que na social-democracia era fundamental a existência de sindicatos, realizou alguns encontros com o Medeiros. Fomos, desta forma, criando uma base para, em 1991, consolidar essa articulação.

O nascimento da Força, portanto, é fruto da dificuldade que havia em repensar o movimento organizado a partir de uma estrutura que não fosse partidarizada e que não fosse de um sindicato. Uma estrutura combativa, mas também aberta a negociações. Um sindicalismo que se voltasse para questões que a sociedade estava discutindo, como as privatizações, o meio ambiente, a cidadania.

Começamos com poucos sindicatos, cerca de trezentos. Mas eram sindicatos grandes como o dos Metalúrgicos de São Paulo, da Alimentação e dos Comerciários. A Força nasce por não querer o radicalismo, como o da CUT. Naquela época, a CUT reunia quem hoje está no PSTU, na Convergência e no PSOL, quadros que inviabilizam a unidade.

Contexto internacional

O que significou, em 1989, a queda do Muro de Berlim? Significou a queda do tipo de organização bipolar que existia e, consequentemente, do tipo de organização sindical que se fortalecia perante o Partido Comunista, as chamadas "centrais únicas dos trabalhadores". Onde havia Partido Comunista, havia CGT ou CUT. Só que na Europa, naquela época, já se desenvolvia uma experiência de social-democracia, com as chamadas UGTs (União Geral dos Trabalhadores). Então, quando decidimos fazer uma central cujo referencial não era mais as CUTs, mas as UGTs, não à toa tivemos apoio da UIL, italiana. E a UGT-Espanha começou a se aproximar da gente.

A queda do Muro de Berlim, com a diminuição do poder do Partido Comunista de orientação stalinista, e dos setores que se organizavam em torno dele, abriu uma brecha, na América Latina e no Brasil, para um novo tipo de organização.

Contexto nacional

Tanto o nascimento da Força quanto o da CUT aconteceu em períodos de desemprego, de inflação muito alta, de mudanças na forma de produzir e de introdução de novas tecnologias. Foram períodos de muitas greves para correr atrás da inflação, que chegava a quase 80% no mês e achatava os salários, e constantes buscas por negociações. Havia muito enfrentamento e pouco ganho real. Eram lutas defensivas, de não perda de direitos.

O movimento sindical também contribuiu com a abertura política, com a redemocratização. Participamos das lutas pelas Diretas (em 1985), pelas eleições para governador e presidente da República. Este processo foi gerando

Sindicato dos Metalúrgicos de São Paulo na campanha pelas Diretas Já!, Praça da Sé (SP), janeiro de 1984.

uma nova mentalidade, a de que o movimento sindical podia ir além do enfrentamento, buscando soluções e negociações entre patrões, trabalhadores e o próprio governo.

A Força Sindical nasceu em um período em que o País já não vivia mais sob os governos autoritários do regime militar. Por isso nasceu com um diferencial: não apenas lutar e reivindicar, mas também participar, oferecendo propostas. E a Central se estabeleceu por causa disso. Porque não éramos a central do contra, do "abaixo o arrocho salarial", "abaixo não sei o quê".

Evolução da Força Sindical

Havia espaço para a Central crescer. Mesmo a CUT tendo nascido forte, principalmente por causa do PT, havia muitas organizações sindicais independentes. Então a Força Sindical cresceu muito entre tais organizações, que contemplavam, por exemplo, a construção civil, os comerciários e o setor metalúrgico.

Juruna em curso de Formação Sindical no Sindicato dos Empregados da Saúde de São Paulo, 1994.

A Confederação Nacional dos Trabalhadores na Indústria (CNTI) congregava metalúrgicos, alimentação, construção civil, químicos, todo mundo. E durante o governo Sarney, o Medeiros propôs que os metalúrgicos criassem a sua própria confederação. Com isso tiramos da CNTI um braço importantíssimo do movimento sindical: os metalúrgicos de todo o Brasil. Muitos desses metalúrgicos, que se congregaram com o Medeiros na Confederação Nacional dos Trabalhadores Metalúrgicos (CNTM), acabaram vindo para a Força Sindical.

Novas bandeiras para o trabalhador

Levantamos, desde o início, novas bandeiras, como a formação de um Centro de Solidariedade ao Trabalhador, que pudesse atender os desempregados. Criamos o primeiro Centro de Solidariedade no bairro da Liberdade, e depois as outras centrais acabaram fazendo o mesmo. Outra preocupação foi quanto à qualificação profissional. Uma vez que as forças produtivas estavam se transformando, era importante que, cada vez mais, houvesse esse tipo de qualificação. Já havia sido criado, na Constituição, o Fundo de Amparo ao Trabalhador. E esse financiamento acabou indo para os sindicatos aplicarem em cursos de qualificação profissional. Fizemos muitos desses cursos no governo do Fernando Henrique Cardoso. Depois, houve mudanças no governo Lula, mas de qualquer maneira foi criada no FAT a possibilidade de se participar dos conselhos gestores nacionais, dos conselhos estaduais de emprego em cada Estado e dos conselhos municipais. Enfim, foram espaços abertos na vida institucional nos quais os trabalhadores puderam estar representados.

E, além disso, abriram-se canais de negociação direta com o empresariado. Até 1988 a negociação sempre caía no Tribunal Regional do Trabalho, porque as greves eram proibidas. Não havia negociação. O patrão não oferecia nada, porque se ele oferecesse dez, por exemplo, eu poderia recusar e levar para o Tribunal. Então no Tribunal já tinha a proposta deles como garantia.

Se antes da Constituição havia muitos enfrentamentos que acabavam no Tribunal (e o Tribunal sempre declarou as greves ilegais, resultando em dificuldade de negociação), com a Constituição de 1988 essa possibilidade começou a mudar, abrindo espaço para a negociação direta. Isto exigiu que os sindicatos também estivessem mais bem preparados. Não bastava apenas fazer greve; era preciso haver proposta e contraproposta. Correr para o Tribunal já não era mais uma solução, e não apenas para os patrões, também para os trabalhadores. Em suma, essas mudanças não ocorreram apenas pelo nascimento da Força Sindical, mas sim pelo fato de nossa Central ter sido mais competente para se adequar aos novos tempos.

Importância das centrais sindicais

O nascimento das centrais foi um marco positivo, porque consolidou a possibilidade de o trabalhador se articular não apenas nos momentos das campanhas salariais, mas também enquanto categoria, nos chamados setores econômicos, o setor dos metalúrgicos, dos químicos, dos comerciários, entre outros. Com isso viabilizamos a realização de campanhas salariais unitárias, que deram um salto na valorização dos salários e fortaleceram o movimento. Antigamente, as negociações eram isoladas. Existiam, por exemplo, negociações distintas no ABC, em São Paulo, Osasco e Guarulhos. As centrais sindicais possibilitaram, por meio da organização em confederações ou dos chamados setores econômicos, que essas negociações se tornassem nacionais. Hoje, quando há uma greve, se o sindicato é filiado à Força Sindical, toda a central apoia, investe financeiramente, leva militantes. Uma categoria apoia a outra. Quando tem aumento real a informação se espalha e a maioria das categorias o conseguem.

Mudanças no setor produtivo

Na década de 1980 havia cerca de 45 mil trabalhadores na Volkswagen de São Bernardo do Campo (SP). O carro era quase todo produzido lá. Hoje, ela apenas monta o que é produzido em outros locais. Ou seja, houve um desmantelamento do processo. Fábricas que eram próximas umas das outras acabaram indo para longe. Vários serviços que eram executados pelos operários que estavam na fábrica foram terceirizados. Muitos desses

Depoimentos

Arquivo Sindicato dos Vigilantes de São Paulo

Edivan Dias Guarita, presidente do Sindicato dos Vigilantes de São Paulo, comandando greve da categoria, março de 2008.

serviços, que produzem peças para as empresas automobilísticas, hoje acabam sendo em boca de quintal, em sua casa. Em Volta Redonda (RJ), há setores metalúrgicos de uma mesma planta que não são da mesma companhia. Isto vai criando diferenças entre os trabalhadores e vai fragmentando o movimento. Quando eu trabalhei na Villares (4), nos anos 1980, desde o engenheiro até o guarda, passando pelo cozinheiro, pelo ajudante, pelo pessoal da limpeza, todos eram da Villares, e todos podiam se filiar ao Sindicato dos Metalúrgicos. Quando se começa a terceirizar, os vigilantes serão de empresas de vigilância e farão parte do sindicato de vigilantes; o pessoal da limpeza vai trabalhar com a empreiteira "tal" e por aí vai. Essas loucuras que a estrutura econômica permitiu acabaram fragmentando o movimento sindical, e isto tem dificultado a nossa inserção.

Por outro lado, o nascimento da central possibilitou que todo mundo se encontrasse nela. A dificuldade não é maior por isso.

Reconfiguração regional sindical

Como até meados da década de 1990 as indústrias brasileiras estavam concentradas no eixo São Paulo, Rio de Janeiro e Minas Gerais (com pouca coisa fora, a não ser na Zona Franca de Manaus), as principais experiências sindicais se desenvolveram neste eixo. Nos outros Estados, do Nordeste, do Norte, o que havia eram mais organizações do funcionalismo público e rurais. De 1994 para cá, com as mudanças que ocorreram na economia e com a desconcentração industrial, a atuação sindical também teve de mudar. Tivemos de ter mais informação e militância.

Contamos, para isso, com um processo de "requalificação" dos dirigentes sindicais. Tivemos, por intermédio do Dieese, os chamados PCDAS (Programas de Capacitação de Dirigentes e Assessores Sindicais), financiados, em parte, pelo governo FHC. Nestes PCDAS (5) tivemos a oportunidade de, enquanto dirigentes sindicais, viajar para conhecer experiências internacionais, nos dedicarmos à formação, a leituras, realizar debates. Foram experiências fundamentais para que nos preparássemos para as mudanças que estavam – e ainda estão – ocorrendo desde 1998. Vários importantes dirigentes que hoje estão no movimento passaram pelos PCDAS.

O Presidente Luiz Inácio Lula da Silva segura camiseta da 4ª Marcha dos Trabalhadores, entregue por Juruna, Brasília, dezembro de 2007.

Hoje, temos sindicatos fortes no Centro-Oeste, em Pernambuco, em Santa Catarina, no Paraná, enfim, em vários Estados. E as centrais estão mostrando competência para articular o movimento em nível nacional.

Contribuição sindical

Nossa experiência de contribuição sindical obrigatória é dos anos 1940. E há muitos setores do movimento que dizem que isso prejudica a organização, porque a tendência é o sindicato não buscar sócio, uma vez que já recebe obrigatoriamente um dia do salário de todos os trabalhadores. Mas, por outro lado, como se dará a representação sindical? Ela representará todos os trabalhadores ou só o associado? Está por trás desse debate da contribuição sindical não só o aspecto financeiro, mas também o organizativo. A CUT, por exemplo, está defendendo abertamente o fim da contribuição sindical, e com isso a proposta de pluralidade no sindicato, ou seja: mais de um sindicato na mesma base. Mas, desta forma, ela cria um problema porque as demais centrais, inclusive a Força Sindical, defendem pluralidade nas centrais, nas federações e unicidade nos sindicatos (um só sindicato na base territorial, o município). A contribuição negocial é decidida na campanha salarial, pelos trabalhadores, com a definição de um valor que será descontado na campanha salarial. O que acontece hoje? Quando o sindicato realiza uma assembleia e define um valor, o Ministério Público diz que só vai descontar de quem é sócio. Isto quebra sindicatos porque há sindicato que tem 60%, 70%, mas no geral eles têm 15% de associados. Por isso acho perigoso, para o movimento sindical, acabar com a contribuição sem que haja nada garantido. O ideal seria oficializar por lei uma contribuição negocial para todos. Mas, enquanto isto não existe, a contribuição sindical é fundamental para os trabalhadores. Enquanto não houver outra legislação que cubra, na qual todo mundo seja beneficiado por acordo coletivo, eu sou contra mudar. É preciso ter algo garantido por lei.

20 anos da Força Sindical

Os 20 anos da Força, para mim, são vinte anos de lutas, de experiências de todo o movimento sindical.

Inovamos em especificar cada Secretaria, a da Mulher, da Juventude, de Assuntos Raciais, para poder, no acordo coletivo, na convenção coletiva, nas negociações com o governo, defender bandeiras próprias.

Além disso, como já foi citado, possibilitamos, por meio de acordos com os governos, a criação dos Centros de Solidariedade e dos cursos de qualificação profissional.

A Força Sindical também se destacou nestes vinte anos por ter consolidado a unidade de ação entre as centrais sindicais, defendendo o princípio democrático.

Outra questão é a pluralidade sindical. Temos ativistas de diversos partidos sem, no entanto, partidarizar o movimento.

No governo FHC demos um passo importante ao consolidar a presença dos trabalhadores nos conselhos e a construção dos centros de solidariedade.

No governo Lula aprofundamos o debate tripartite, sobre reformas na legislização e na estrutura sindical, que vem marcando as mudanças na atual legislatura, e contribuímos para o reconhecimento legal das centrais sindicais.

Temos pela frente o desafio de consolidar nossas bases regionais, nos diversos Estados brasileiros, e de fortalecer a formação sindical. Mas o nosso principal objetivo é o de manter a qualidade e o ritmo do nosso crescimento.

Notas da redação

(1) Economista, ligado à Federação Internacional de Trabalhadores das Indústrias Metalúrgicas (Fitim), foi coordenador do Departamento de Educação Sindical do Dieese.

(2) Walter Schiavon foi diretor executivo do Sindicato dos Metalúrgicos de São Paulo entre 1981 e 1987.

(3) Geraldo Magela foi diretor do Sindicato dos Metalúrgicos de São Paulo entre 1984 e 1987.

(4) Trata-se de uma unidade das indústrias Villares, fabricante de elevadores, que na década de 1980 localizava-se no bairro de Santo Amaro, São Paulo.

(5) Em 1994, os PCDAS, que já existiam para os empresários, começaram a ser realizados também para os trabalhadores. Com financiamento do Ministério do Trabalho e do Ministério da Ciência e Tecnologia, os cursos eram coordenados pelo Dieese, com participação de universidades contratadas.

Depoimentos

Grandes campanhas: redução da jornada e valorização do salário

Miguel Torres

Metalúrgico, presidente do Sindicato dos Metalúrgicos de São Paulo e vice-presidente da Força Sindical.

Entrevista realizada em 5 de abril de 2011.

Evolução da Força Sindical

Ao longo destes últimos anos, a Força Sindical foi um divisor de águas no movimento sindical. Até 1991, só existia a CUT, que tinha uma forte atuação no setor público. A Força conseguiu atender o setor privado. E cresceu muito bem nesse meio. Hoje ela é, com certeza, a maior central do País no setor privado. Além disso, conseguiu também ter uma atuação muito forte entre os trabalhadores da indústria.

A Força Sindical vem se posicionando, nos debates nacionais, com independência em relação aos governos, seja ele qual for. A Central colocou os interesses dos trabalhadores em primeiro lugar.

Marcha para Brasília

Dentre as lutas mais importantes que fizemos, destaco a Marcha para Brasília, pelo salário mínimo de cem dólares, em 2004.

Primeira Marcha para Brasília, 2004.

Miguel Torres, em campanha salarial unificada, São Paulo (SP), outubro de 2010.

Nesta Marcha, com cerca de 150 trabalhadores de diversos sindicatos da Força, fomos a pé de São Paulo a Brasília, em uma viagem que durou 31 dias. Acampávamos todos os dias. Foi uma luta que uniu as principais categorias: metalúrgicos, trabalhadores da construção civil, da alimentação, costureiras, químicos, comerciários. Todos os grandes sindicatos nos ajudaram. A partir da Marcha – que foi praticamente realizada pela Força Sindical – é que se desenvolveu a jornada de Marchas das centrais sindicais para Brasília, por meio das quais conseguimos grandes e importantes avanços, como a política de valorização do salário mínimo. Sempre tivemos essa característica de nos posicionarmos na linha de frente.

Principais lutas

Além disso, a destaco a luta pela recuperação do Fundo de Garantia, que teve uma defasagem, no governo Collor, devido à falta de correção, e nossas ótimas campanhas salariais, com cláusulas inovadoras como a licença-maternidade de seis meses. Desde o começo, no início da década de 1990, lutamos pelas correções das tabelas do Imposto de Renda, independentemente do governo. Nossa Central sempre puxou esta luta, bem como as lutas contra os pacotes econômicos e em defesa dos interesses do trabalhador. E isto se repetiu neste ano de 2011, no início do mandato da presidente Dilma Rousseff, em relação à política de valorização do salário mínimo.

Sindicalismo brasileiro

De 1991 para cá, houve um salto qualitativo no sindicalismo em todas as categorias e centrais. O sindicalismo está mais maduro. A despeito das diferenças entre sindicatos e centrais sindicais, descobrimos muitas convergências, e isto tem fortalecido o movimento. Hoje, temos mais capacidade, coerência e inteligência para reivindicar nossas pautas. A mudança de temperamento e de atuação do sindicato foi no sentido de ter uma representação mais forte.

As Marchas das Centrais, iniciadas pioneiramente pela Força, em 2000, foram fundamentais para este amadurecimento. O que havia de convergente nós levamos para as marchas. Por meio delas conseguimos trabalhar a unidade e incorporar novos temas e pautas dos trabalhadores. Foi devido a esta unidade que conquistamos a legalização das centrais sindicais, pois, até então, as centrais existiam, mas não do ponto de vista jurídico. E a Força Sindical tem um papel preponderante neste processo de legalização. Ela teve a capacidade de liderar o movimento e conseguiu mais este avanço para a classe trabalhadora.

Luta pela redução da jornada de trabalho

Esta é uma bandeira que está fincada desde 1988. Antes disso, os grandes sindicatos já trabalhavam com 44 horas. O Sindicato dos Metalúrgicos de São Paulo e o Sindicato dos Metalúrgicos de São Bernardo do Campo foram os primeiros a conquistar as 44 horas como convenção coletiva, em 1985. E na Constituição de 88 conseguimos a redução de 48 para 44 horas semanais para todos os trabalhadores.

Mas a luta pela redução da jornada para 40 horas tem se mostrado muito difícil. O empresariado não admite mexer na produção. Por isso, é preciso que a redução seja conquistada por lei. Por meio de negociações, será muito difícil. Algumas categorias já avançaram. Cerca de 30% dos trabalhadores metalúrgicos em São Paulo, por exemplo, conquistaram o direito de ter uma jornada inferior a 44 horas semanais. Agora, temos de ampliar esta conquista para todo o País.

Esta luta, portanto, que foi bastante efervescente em 2010, está sendo intensificada em 2011 (1), já que não conseguimos colocá-la em votação no Congresso. Acreditamos que essa votação possa acontecer ainda neste ano. Para isto, temos de nos mobilizar. A redução da jornada é viável economicamente e é fundamental para garantir ao trabalhador mais tempo para a família, para os estudos, lazer. Em suma: mais qualidade de vida.

Antonio Neto (CGTB), Paulinho (Força Sindical), José Calixto (NCST) e Wagner Gomes (CTB) com o Senador Aécio Neves na campanha pelo reajuste do salário mínimo, Brasília (DF), fevereiro de 2011.

Desafios da Força para os próximos anos

A luta pelas 40 horas continua a ser uma referência para os próximos anos.

Outro grande desafio é fazer com que o Brasil ratifique a Convenção 158 da OIT, que proíbe a demissão imotivada. Hoje, temos uma rotatividade muito grande no País. Isto porque, na época da data-base, em qualquer categoria, cerca de 30% da mão de obra é trocada para que seja possível ao empregador pagar salários menores.

Temos, também, de enfrentar o desafio de regularizar a terceirização. A maneira como o trabalho terceirizado está organizado torna a mão de obra precária demais. Precisa-se regulamentar a terceirização para garantir os mesmos direitos da categoria preponderante de onde está a empresa terceirizada.

Além disso, temos a questão da contribuição sindical, que está relacionada à legalização. O desafio é fazer com que a legalização passe pelo Senado.

E, por fim, temos o grande desafio de manter a unidade das centrais. A cada dia que passa, mais entendemos a importância de se manter as centrais unidas em torno de pontos comuns para os trabalhadores. A última Conclat, por exemplo, que foi em 1º de junho de 2010, em São Paulo, no estádio do Pacaembu, reuniu mais de trinta mil trabalhadores de todo o Brasil com uma pauta que abrangia todos os setores da sociedade. Foi outro grande fator de unidade das centrais no qual a Força teve um papel fundamental.

20 anos da Força

A Força Sindical cresceu e mostrou que veio para ficar. Está melhorando a cada dia, incorporando novos sindicatos, confederações, federações e prestando importantes serviços ao País. Fizemos, no dia 24 de março de 2011, uma comemoração dos 20 anos da Central, na qual formamos uma mesa muito representativa, com lideranças políticas e sindicais. O ato ressaltou a pluralidade e a capacidade de conviver com as diferenças que definem bem a Força Sindical. Foi um ato muito importante. A Força é digna de parabéns. É uma central ao mesmo tempo jovem, mas com muita experiência na luta.

Notas da redação

(1) No dia 6 de julho de 2011, as centrais sindicais iniciaram uma jornada nacional de lutas, cujo item principal é a campanha para que o Congresso Nacional vote pela jornada de trabalho de 40 horas semanais.

Depoimentos

Estrutura própria é independência e autonomia

Luiz Carlos Motta

Comerciário, presidente da Federação dos Empregados no Comércio do Estado de São Paulo (Fecomerciários) e secretário de Finanças da Força Sindical.

Entrevista realizada em 05 de abril 2011.

Evolução da Força Sindical

Ao longo de duas décadas a Força Sindical se consolidou internamente com a formação de departamentos e secretarias que, em muito, colaboram para a manutenção e a ampliação de conquistas para os trabalhadores.

A Força Sindical tem sede em todos os Estados do Brasil, e ocupa a linha de frente do sindicalismo erguendo bandeiras cruciais, como a luta pela redução da jornada semanal de trabalho, sem diminuição salarial, e a luta pela adoção de uma política permanente de valorização do salário mínimo.

Sob as lutas políticas, democráticas e cidadãs, a Força dedicou-se com afinco à campanha pela eleição do presidente Lula, em 2003, e à campanha da presidente Dilma, em 2010, e capitaneou as mais expressivas vitórias.

Devido ao seu caráter plural e apartidário, a Força ampliou seu campo de

Luiz Carlos Motta entrega medalha comemorativa dos 20 anos da Força Sindical ao Presidente da Câmara dos Deputados, Marco Maia, março de 2011.

Dilma Rousseff e Luiz Inácio Lula da Silva na comemoração do 1º de Maio, em São Paulo (SP), 2010.

atuação. Nas reivindicações da classe trabalhadora, em Brasília, sempre liderada pelo presidente da Central, o deputado Paulinho, conquistamos, nos gabinetes da Câmara, do Senado e do Palácio do Planalto, um grau de credibilidade conferido a poucas entidades sindicais. Do mesmo modo, esse elevado conceito é reconhecido nas mobilizações de rua, nas comemorações do 1º de Maio, nas tradicionais marchas das centrais a Brasília. Trabalhadores e trabalhadoras acreditam na Força.

A Força prima por sua capacidade pluralista.

Conquista da sede própria

Reconheço que a aquisição da nova sede trouxe grande independência à Central, que por muitos anos ocupou a sede do Sindicato dos Metalúrgicos de São Paulo e Mogi das Cruzes, ao qual devemos eterna gratidão (1). Ocorre que, além das arrojadas e espaçosas instalações, o novo prédio já vem se revelando como um espaço mais do que apropriado para a realização de reuniões, encontros e debates sindicais, trabalhistas e políticos. A meu ver, somado às dependências amplas e confortáveis da nossa nova sede, o fato de o local se constituir em um palco permanente de discussões representa mais uma função benéfica que a Força Sindical oferece ao movimento sindical brasileiro no ano em que comemora 20 anos de atuação.

O 1º de Maio da Força Sindical

As comemorações do dia 1º de maio, Dia Internacional do Trabalho, demonstram o perfil popular e aglutinador da Central. A Força, que já tem notoriedade no sindicalismo brasileiro por sua atuação incondicional na defesa dos direitos dos trabalhadores, reinventou a comemoração do 1º de Maio na Capital paulista, realizando eventos que, além de reflexivos e reivindicatórios, fazem a alegria de mais de um milhão de trabalhadores com a

Depoimentos

apresentação de artistas consagrados e o sorteio de valiosos prêmios. Organizar e realizar o maior 1º de Maio do mundo é um mérito que a Força ostenta com muito orgulho.

Também reconheço a importância dos congressos, simpósios, seminários e afins, que solidificam a organização unitária e a estrutura interna da Central. Sublinho que são decisivas e orientadoras todas as manifestações trabalhistas e sindicais das quais participo com os comerciários e práticos de farmácia no Congresso Nacional e nos demais Estados do Brasil, ao lado do nosso presidente, o deputado federal Paulinho da Força. Outro bom exemplo é a atuação da Força no processo e na efetivação da legalização das centrais sindicais, além das marchas sindicais a Brasília.

Motta em manifestação pelo reajuste do salário mínimo, 2011.

Principais desafios

Nosso grande desafio é ampliar a participação de categorias. Ou seja, intensificar, por meio de simples prospecção ou de uma efetiva campanha de sindicalização, a filiação de entidades representativas de categorias variadas em todo o território nacional. Credencial para alcançar este objetivo a Força já tem. Entretanto, entendo que a Central, dona de uma visibilidade positiva em todo o Brasil, e que dispõe de modernos e eficientes meios de comunicação, deva concentrar esforços neste sentido. Ao contar com estas ferramentas, e com o excelente quadro de dirigentes que tem, a Força vai progredir ainda mais.

Os 20 anos da Força Sindical

Como ex-secretário de Relações Internacionais, sou testemunha que a Força Sindical rompeu as fronteiras nacionais e conquistou respeito e reputação nos cinco continentes. Hoje, ao exercer o mandato de Tesoureiro da

Força Sindical Nacional, respaldado por um incansável grupo de dirigentes sindicais comerciários e práticos de farmácia, acompanho passo a passo a saudável influência da Central diante dos problemas mais essenciais e pertinentes ao desenvolvimento de um Brasil com estabilidade econômica. A luta pela valorização do salário mínimo é a mais premente. A redução da jornada semanal sem redução salarial também tem dado à Força um conceito inigualável de combatividade e liderança em todo o movimento sindical brasileiro.

O muito que a Força conquistou, em 20 anos de incansável atuação sindical, orgulha não só a mim, mas também aos demais comerciários do Estado de São Paulo, já que a escolhemos como nossa Central dada a sua trajetória de lutas e vitórias. Trata-se de uma entidade verdadeiramente comprometida com o trabalhador. Lembro-me que sua concepção se deu na sede da Federação dos Empregados no Comércio do Estado de São Paulo. Ali, no início dos anos 90, foram definidas suas metas e sua ideologia, bem como os primeiros traços do seu logotipo.

Então, dadas essas origens, expresso as mais sinceras congratulações à Força pela credibilidade que desfruta no movimento sindical, acompanhadas pelo desejo de vê-la se expandindo, cada vez mais, com seriedade, respeito e combatividade. Parabéns, Força!

Nota da redação

(1) No dia 7 de março de 2010 a Força Sindical inaugurou sua nova sede, na Rua Rocha Pombo, 94, Liberdade, São Paulo. Trata-se de um prédio comprado com recursos próprios. A Central funcionava, antes disso, no Palácio do Trabalhador, na Rua Galvão Bueno, prédio do Sindicato dos Metalúrgicos de São Paulo. A distância entre os dois prédios é de menos de um quilômetro.

Depoimentos

Exportando ideias para o mundo

Nilton Souza da Silva, Neco

Comerciário, presidente do Sindicato dos Empregados no Comércio de Porto Alegre (Sindec), secretário de Relações Internacionais da Força Sindical e representante dos trabalhadores brasileiros no Conselho de Administração da Organização Internacional do Trabalho (OIT).

Entrevista realizada em 25 de março de 2011.

Organizações sindicais internacionais

Em 1991, além da CIOSL (Confederação Internacional das Organizações Sindicais Livres), que pregava "sindicalismo democrático e independente", havia a FSM (Federação Sindical Mundial), de esquerda, alinhada ao bloco socialista, e a CMT (Confederação Mundial do Trabalho), próxima à democracia-cristã e ao Vaticano. No Brasil, a CUT, a Força e a CGT, que eram as centrais existentes nos anos 1990, sempre foram filiadas à CIOSL, que tinha a linha de um sindicalismo sociopolítico.

Cada uma dessas "centrais mundiais" tinha um braço regional no continente americano: a Orit (Organização Regional Interamericana de Trabalhadores) era ligada à CIOSL; o Cpustal (Congresso Permanente de Unidade Sindical dos Trabalhadores da América Latina e do Caribe) se alinhava com a FSM; e a Clat (Central Latino-Americana de Trabalhadores) era próxima à CMT.

A Orit virou CSA (Confederação Sindical de Trabalhadores das Américas), e a CIOSL virou CSI.

Nilton Neco no Congresso da CROC (Confederación Revolucionaria de Obreros y Campesinos), México, março de 2010.

Nilton Neco no Fórum Internacional em Pequim, janeiro de 2011.

Hoje, enquanto CUT, Força e UGT estão na CSI, a CTB e a CGTB são da FSM.

Relações internacionais

Hoje, a Força Sindical mantém relações com praticamente todos os países na América. Temos uma boa relação com a CGT da Argentina. No México, na Venezuela e nos Estados Unidos também temos boas relações há bastante tempo. Além dessas, Costa Rica, Colômbia, Chile e Peru.

Estamos chegando agora à África, que é uma região importante em virtude dos países de língua portuguesa, mas onde não tínhamos nenhum relacionamento. Atuamos em uma organização chamada Comunidade Sindical dos Países de Língua Portuguesa (CSPLP), da qual sou vice-presidente. Portugal também faz parte, mas damos uma ênfase à África por causa das dificuldades que eles têm. Tirando a África do Sul, que tem dinheiro, o resto está na pobreza absoluta. O Senegal tem doze milhões de habitantes, mas só trezentos mil formalizados. Por aí dá para ter uma ideia. O movimento sindical africano está capengando, tentando sobreviver.

Saindo da América e da África, a Força tem relações tradicionais na Europa. Temos uma importante relação com a UIL italiana (Unione Italiana del Lavoro), com organizações sindicais da Espanha, de Portugal e da França. São relações que temos em função da experiência que os europeus vêm nos passar e também devido às multinacionais europeias aqui instaladas.

Estamos iniciando, já há algum tempo, uma relação com a China. Não podemos desprezar a China, que se tornou a segunda economia do mundo. Já estivemos lá e, em abril de 2011, vamos novamente para tentar aprofundar nossa cooperação sindical (1). Nossas conversas com eles são no sentido de levar a nossa experiência com relação às condições de trabalho, ao respeito à legislação trabalhista, à OIT (Organização Internacional do Trabalho).

Os dirigentes sindicais chineses fazem parte do Partido, como em Cuba. Nossa ideia, respeitando todas as características culturais do país, é aprofundar um pouco a discussão sobre as condições de trabalho, a relação patrão-empregado. Estamos conhecendo um pouco mais a China. Na primeira visita, estivemos com as maiores categorias. Foi há três ou quatro anos, em 2007 ou 2008. Fomos lá para conhecer. Quem nos recebeu foi o secretário de Relações Internacionais, não de uma central, mas do Partido. E abrimos para ele que estávamos lá para conhecer a verdadeira China. Não queríamos saber o que era dito na imprensa, mas sim conhecer, ir às fábricas, ver como se realizava o trabalho, as condições de segurança, os direitos. Só depois de falar com o secretário do Partido tivemos a reunião com a Federação Sindical.

Essa pressão que estamos fazendo como movimento sindical tem melhorado as condições lá. Claro que você tem de ter em perspectiva que são 1,3 bilhão de pessoas, e dar comida para esse povo todo não é nada fácil. E tem a cultura chinesa, que é mais pacífica, bem diferente da nossa.

Além dessas visitas, dessas relações bilaterais que fazemos para consolidar o trabalho da Força Sindical em nível internacional, participamos também de seminários internacionais, como convidados, por sermos filiados à CSI e à CSA.

1º de Maio

A central sindical Croc (Confederación Revolucionaria de Obreros y Campesinos), do México, está copiando nossa experiência da festa do Dia do Trabalhador. Nos dois últimos anos (2009 e 2010) eles realizaram um 1º de Maio como o nosso, mais massivo e popular.

Esta troca aconteceu de forma simples. Em uma conversa nós perguntamos a eles se queriam continuar com um 1º de Maio de discursos para a militância, com meia dúzia de pessoas, ou se gostariam de realizar um evento para os trabalhadores, com *shows* de grandes artistas e sorteios de prêmios, no qual eles pudessem levar a família, em um dia de lazer, mas também político.

O Brasil

Hoje, por ser um país forte em nível internacional, com uma economia em desenvolvimento, o Brasil não é mais visto, no exterior, como coitadinho, nem como um país em que o povo não tem dinheiro e onde o movimento sindical é fraco. Não! Nosso movimento sindical tem dinheiro e é forte. O País cresceu, também é forte e até empresta dinheiro para o FMI (Fundo Monetário Internacional). Quando se imaginaria uma coisa dessas? Sou da época em que íamos para as ruas para gritar "Fora daqui... o FMI!".

Como o Brasil cresceu, as multinacionais brasileiras também cresceram, e não só a Petrobras. Há um leque de grandes empresas brasileiras que invadiram outros países. Pegue o ramo de alimentação, de carne bovina, em que somos os primeiros no mundo. E a construção civil, então? Somos superfortes, com grandes empresas brasileiras na área, como a Odebrecht, em Angola. São as nossas multinacionais.

Soubemos sobreviver em meio a um ambiente de crise econômica e passamos rapidamente por ela. Hoje, sabemos que o melhor modelo sindical para superar a crise é o do Brasil. A unidade do movimento sindical provocou isso. Não adiantava a CUT, a Força, a CGTB ou a CTB tentarem enfrentar a crise sozinhas. O que adianta é, nestes

Claudio Janta no Fórum Social Mundial, Porto Alegre (RS), janeiro de 2005.

casos, nos unirmos para discutir propostas com os governos, como foi com a recuperação do salário mínimo. Mesmo com crise econômica, pudemos aumentar o salário mínimo, o que significou "distribuição de renda".

O empréstimo consignado, que foi decisão do governo Lula, com fundamental participação das centrais sindicais, é outra coisa fundamental no Brasil, pois facilitou o acesso do trabalhador ao crédito. Além disso, também a campanha pela política de enfrentamento dos juros, empreendida pelas centrais, em especial pela Força Sindical.

Não é à toa que, quando viajamos para fora do Brasil o pessoal mostra admiração pelo fato de o Brasil ter tirado oito milhões de pessoas do nível da pobreza e elevado trinta milhões à classe C. Isto demonstra o quê? Nossas políticas assertivas, a distribuição de renda por meio do salário mínimo, do Bolsa-Família.

Fórum Social Mundial

Nas primeiras edições do Fórum Social Mundial participamos como convidados, em debates pontuais. A partir de 2005, começamos a investir fortemente no Fórum, com nossas próprias atividades, as chamadas atividades "autogestionadas". Passamos a jogar muito peso, a enviar grandes delegações, com 100, 150 pessoas quando o Fórum é no Brasil, e 15, 20 pessoas quando é fora. Temos apostado neste grande evento como um disseminador de ideias.

No último Fórum unificado, em Belém (PA)(2009), participamos com 120 dirigentes sindicais. Fizemos oficinas conjuntas com outras centrais na Tenda do Mundo do Trabalho, e oficinas próprias. Em Dakar (Senegal), em 2011, que foi uma edição descentralizada, também participamos com atividades próprias. Agora estamos planejando atividades para 2013, em Porto Alegre, em uma edição descentralizada também.

Em relação ao *slogan* "Um Outro Mundo é Possível", defendemos que já construímos esse outro mundo, e que temos de mudar o foco. No mundo do trabalho, por exemplo, precisamos compreender que nem toda reivindicação é universal. A redução da jornada para 40 horas semanais, que está tão em voga no Brasil, é uma reivindicação nacional, vinculada a certas contingências e circunstâncias locais, como o estágio de industrialização e de desenvolvimento do País.

Pautas universais

Em nível internacional destacam-se três temas importantíssimos. Um deles é o Trabalho Decente, que conseguimos trabalhar em nível mundial porque é uma orientação da OIT. É uma questão que estamos levando para a esfera internacional e que, no Brasil, está bem adiantada. Somos, inclusive, um "país-piloto" na OIT para a aplicação da Agenda Mundial do Trabalho Decente.

A OIT deu um prazo (até 2015) para que os signatários dessa Convenção implementem em seus países a Agenda do Trabalho Decente.

Estamos trabalhando há mais de quatro anos, em uma comissão nacional, visando buscar os indicadores para medir se aplicamos essa agenda.

Em 2012, e isto já está aprovado, vamos realizar um Congresso Nacional da aplicação da Agenda do Trabalho Decente.

Outro tema que também conseguimos colocar em nível internacional no movimento sindical é a questão da solidariedade efetiva. Houve terremoto no Japão (2)? Escrevemos uma cartinha de solidariedade. Mas só isto não adianta. Também incentivamos a solidariedade efetiva. É preciso enviar coisas concretas, materiais, uma ajuda financeira. Temos de ver como contribuir para que essa solidariedade seja realmente efetiva.

Agenda Mundial Trabalho Decente.

O terceiro tema universal é a unidade do movimento sindical. Temos trabalhado este tema, buscando consolidar espaço no Mercosul, que se constituiu com uma influência europeia. Na Europa os trabalhadores têm uma entidade, a Confederação Europeia de Sindicatos, que trata só das questões dos trabalhadores. No Mercosul estamos consolidando isto. Em 2013, provavelmente, haverá eleições próprias em cada região – hoje o Parlasul é ocupado pelos deputados da legislatura de cada país. O trabalhador tem o direito de eleger quem vai representá-lo, e nós vamos participar disso.

A unidade sindical orgânica e a unidade de ação

Há um debate internacional acerca de duas posições diferentes sobre as centrais sindicais: a unidade sindical orgânica e a unidade de ação.

Alguns defendem que a unidade só pode acontecer no âmbito da esfera orgânica, dentro de uma mesma entidade. Nós, da Força Sindical, estamos naquele campo que crê que a unidade não precisa ser orgânica, mas pode ser uma unidade de ação. Esta tese nos influenciou muito. E isto se tornou uma realidade que o Brasil está tentando exportar. Tentamos levar a atual experiência brasileira, que tem seis centrais sindicais com uma agenda comum, como exemplo para o resto do mundo, principalmente para os países em que o movimento está muito fracionado, com quase quinze centrais.

Creio que desde 2004 (3) começou a ganhar força, no movimento sindical brasileiro, a tendência favorável à unidade de ação. A fusão orgânica que houve foi a da CGT (Confederação Geral dos Trabalhadores) com a SDS (Social Democracia Sindical) e a CAT (Central Autônoma de Trabalhadores), que formou a UGT, em 2007, embalada nessa fusão orgânica das entidades internacionais.

Não é fácil administrar e manter a unidade quando se juntam grupos diferentes, como o pessoal ligado à Igreja, o pessoal ligado à esquerda e o pessoal social-democrata. O grupo hegemônico sempre tenta prevalecer.

Haverá, em 2012, o Congresso da CSA, no qual colocaremos em debate a grande experiência dessa unidade orgânica internacional. Isto porque a unidade na formação da CSI e da CSA se dá também por acordos de transição. Em 2012, esses acordos serão rediscutidos para garantir uma nova representatividade, que pode não corresponder ao que foi costurado há anos.

A discussão não é mais sobre fusão. Já fundiu. O grande embate que vamos travar é sobre quem tem realmente representatividade para estar no comando. Já tem gente defendendo que, do primeiro para o segundo mandato, temos de, mais ou menos, manter as coisas como estão. Vamos ver se essa unidade de várias tendências vai ou não se consolidar. Vai ser um bom debate!

Notas da redação

(1) Entre 19 e 28 de abril de 2011, uma comitiva de doze sindicalistas da Força Sindical visitou a China, a convite da Federação Nacional dos Sindicatos daquele país (FNSCh), participando de encontros sindicais nas cidades de Yinchuan, Shangai e Pequim, e do Fórum Internacional sobre Globalização Econômica e Sindicatos, "Transformando o padrão de crescimento econômico, trabalho decente e seguridade social", em Pequim.

(2) Foi um terremoto com magnitude de 8,9 graus na escala Richter, que assolou a costa nordeste do Japão no dia 11 de março e gerou um *tsunami* de dez metros, que arrastou cidades litorâneas próximas ao epicentro. Foi o maior tremor já registrado na história do país em 140 anos (desde que se iniciou o monitoramento dos dados).

(3) Em 2004, foi realizada a Marcha Nacional do Salário Mínimo, em Brasília, marcando o início das Marchas da Classe Trabalhadora, das quais participaram todas as centrais sindicais, selando a ação unitária. A 6ª Marcha, que foi a última, foi realizada em novembro de 2009.

Capítulo 3
Artigos

A Força Sindical na nova etapa do desenvolvimento do Brasil

Sérgio E. A. Mendonça

A Força Sindical foi fundada em 8 de março de 1991, no Dia Internacional da Mulher. Naquele ano, certamente, o acontecimento mundial mais relevante foi o fim da União Soviética (URSS). Dois anos antes, em 1989, havia caído o Muro de Berlim. O pensador marxista inglês Eric Hobsbawn[1] sugeriu que esses eventos históricos significaram o fim do século 20! Tudo indicava que uma nova ordem mundial estava em curso com a hegemonia inconteste do modo de produção capitalista e o fim da principal experiência socialista. Também o arranjo de poder entre as nações, construído após o fim da Segunda Guerra Mundial, sofreu profundas mudanças com a consolidação da hegemonia americana. O cientista político norte-americano Francis Fukuyama[2] afirmou que esses episódios caracterizavam o fim da história, entendido como o triunfo do capitalismo e da democracia liberal ocidental e o "fim" da luta de classes. É possível afirmar, sem risco de errar, que o ano de 1991 foi um ano de grandes transformações no mundo.

O Muro de Berlim e, ao fundo, o Portão de Brandemburgo, 9 de novembro de 1989.

A década de 1990

O início dos anos 1990, período de fundação da Força Sindical, representou uma época de marcantes transformações na sociedade brasileira. Na dimensão política, foram anos de avanço da democracia após a promulgação da nova Constituição Brasileira, em 5 de outubro de 1988. A Constituição Cidadã, assim batizada pelo presidente da Assembleia Nacional Constituinte, deputado Ulysses Guimarães, significou a síntese possível da luta pela redemocratização, após mais de duas décadas de ditadura militar no Brasil.

Na dimensão econômica, Fernando Collor de Mello, primeiro presidente eleito em eleições diretas após duas décadas de presidentes militares eleitos indiretamente, adotou

---

[1] "Era dos Extremos. O breve século XX. 1914-1991". Companhia das Letras

[2] "O fim da história", artigo publicado em 1989 na revista norte-americana *The National Interest*. Em 1992, Fukuyama publicou o livro "O fim da história e o último homem".

uma política que teve forte impacto sobre a estrutura produtiva construída no período desenvolvimentista, entre as décadas de 1930 e 1980. Na tentativa de enfrentar a hiperinflação[3] do final dos anos 80, seu governo implantou o Plano Collor, que levou o País a uma recessão de mais de dois anos. Adotou uma política de completa abertura comercial e financeira expondo o parque produtivo instalado no Brasil à concorrência dos produtos importados, com enorme impacto sobre vários setores econômicos, que tiveram dificuldade de sobreviver nesse novo contexto. Uma frase de impacto de Collor foi a de que no Brasil não se produziam carros, e sim carroças!

A década de 1990 foi de enorme dificuldade para o movimento sindical brasileiro. O tema do desemprego entrou para a agenda da sociedade e das políticas públicas nacionais. Embora o País já tivesse passado por períodos de crise econômica e de baixo crescimento em outros momentos de sua história, naquela época o desemprego urbano passou a ser um novo desafio para a sociedade brasileira. Enquanto avançávamos na democracia, andávamos para trás em termos de crescimento econômico.

Manipulação dos índices e campanha salarial

Para tentar entender as duas recentes décadas, período de existência da Força Sindical, cabe voltar ao final dos anos 70, quando o movimento sindical brasileiro teve um papel importante na redemocratização do Brasil, na luta pela recuperação dos salários e na melhoria das condições de trabalho, em uma sociedade urbana e industrial.

Depois de mais de uma década de ditadura militar, após o golpe de 1964, em 1977 o movimento sindical, inicialmente no ABC paulista, e depois em várias regiões brasileiras, retomou fôlego para recuperar perdas salariais decorrentes da inflação, que havia sido manipulada em 1973. Naquela época, o Sindicato dos Metalúrgicos de São Paulo, em um longo trabalho de perícia técnica assessorada pelo Dieese, entrou com uma ação na Justiça Federal que chegou a condenar a União pelas perdas salariais do início dos anos 70. Na realidade, significou uma condenação política simbólica, pois o pagamento das perdas aos trabalhadores nunca foi feito.

---

[3] A taxa mensal de inflação atingiu 84,9% em março de 1989.

Greve na Aliperti (SP), 1985.

Naquele contexto, no final da década de 1970, o movimento sindical intensificou sua luta no Brasil. Além da luta econômica, a luta sindical contribuiu, junto com a ação política da Igreja Católica e de outras organizações e movimentos, para o retorno da democracia no Brasil. Os quadros dirigentes do movimento sindical à época tinham sido formados em diversas "escolas": nos Partidos de esquerda, na Igreja Católica e na própria burocracia sindical, que esteve retraída nos "anos de chumbo". As greves, passeatas e outras manifestações injetaram novo ânimo na luta pela redemocratização do País.

Conclat

A retomada do movimento caminhou rapidamente. Em agosto de 1981 realizou-se, na Praia Grande, cidade do litoral paulista, o maior encontro de lideranças sindicais após o golpe militar. A Conferência Nacional das Classes Trabalhadoras (Conclat) foi o embrião do nascimento das centrais sindicais brasileiras. Naquele momento, a intenção era criar uma única central sindical. Por divergências de concepção, e pela própria formação histórica do movimento sindical brasileiro, não se logrou êxito naquele objetivo. Em agosto de 1983, foi fundada a Central Única dos Trabalhadores (CUT). Em novembro do mesmo ano ocorreu novo encontro, do qual nasceu a Coordenação Nacional das Classes Trabalhadoras (Conclat). Em seguida, parte do movimento sindical presente no encontro de novembro de 1983 criou, em 1986, a Confederação Geral dos Trabalhadores (CGT), e, em 1991, a Força Sindical.

Na experiência do movimento sindical internacional é comum a existência de mais de uma central de trabalhadores. São muitas as razões que explicam o pluralismo sindical. A principal é a trajetória histórica das forças políticas, especialmente os partidos. Na maioria dos países predomina a pluralidade, e não a unidade no movimento sindical no mundo. Dificilmente no Brasil seria diferente.

Criação da Força Sindical

Dez anos depois da realização da Conclat da Praia Grande, em 1981, nasceu a Força Sindical. E nasceu em um momento em que crescia a participação das forças sociais organizadas nos espaços institucionais conquistados após a promulgação da Constituição de 1988. Duas experiências de participação institucional merecem registro: o Conselho Curador do Fundo de Garantia do Tempo de Serviço (FGTS) e o Conselho Deliberativo do Fundo de Amparo ao Trabalhador (Codefat). O Fundo de Amparo ao Trabalhador (FAT) foi criado pela Lei 7.998/90, e regulamentou os artigos 7, 201 e 239 da Constituição Federal. Pela primeira vez na história a legislação estabeleceu um fundo com recursos "carimbados" para financiar o sistema público de emprego no Brasil, em especial para garantir recursos para o seguro-desemprego.

Em conjunto com as demais centrais, a Força Sindical passou a atuar decisivamente nesses espaços tripartites, nos quais se definiam as diretrizes de importantes políticas públicas, como o seguro-desemprego, a intermediação de mão de obra, a qualificação profissional, o abono salarial e as políticas de habitação e saneamento. E, como foi dito anteriormente, em um momento no qual o desemprego tinha se transformado no principal desafio do mercado de trabalho brasileiro.

A Força Sindical nasceu com a marca do "sindicalismo de resultados" e do pluralismo político. Luiz Antonio de Medeiros, seu primeiro presidente, foi a principal liderança da Central que apresentou publicamente o projeto da nova entidade. Uma leitura possível sobre o "sindicalismo de resultados" é a ideia de um sindicalismo mais pragmático, ou menos ideológico, aberto a discutir a nova etapa do capitalismo brasileiro após a abertura da economia, em 1990. Em 1993, a Força apresentou o livro "Um Projeto para o Brasil – a proposta da Força Sindical", compilando suas propostas para os novos rumos do País. Tenta, assim, se afirmar como uma central com uma intervenção mais abrangente na vida brasileira.

Das experiências, uma que merece ser lembrada foi a da participação das centrais sindicais e do Dieese no Programa Brasileiro da Qualidade e Produtividade (PBQP). Naquele momento, o movimento sindical aceitou discutir os temas da modernidade após a aber-

Sindicato dos Têxteis de São Paulo faz greve na fábrica Alpargatas, São Paulo (SP), 1982.

tura da economia brasileira. Diante da forte elevação do desemprego, foi o movimento sindical brasileiro que nunca deixou de apontar a prioridade de se preservar empregos e de distribuir os ganhos de produtividade à medida que as empresas fossem passando pelo processo de reestruturação produtiva. No PBQP a Força esteve presente com propostas e com denúncias sobre a grave situação do desemprego.

O mesmo se passou nos debates sobre a competitividade da economia brasileira. Os dirigentes da Força acompanharam todo o processo de construção do Estudo sobre a Competitividade da Indústria Brasileira (ECIB), coordenado pelo atual presidente do Banco Nacional de Desenvolvimento Econômico e Social (BNDES), Luciano Coutinho. Naquele estudo, a Força e o movimento sindical apresentaram propostas que foram incluídas no capítulo sobre as condicionantes sociais da competitividade, em especial as relacionadas à necessidade de qualificação dos trabalhadores.

Contribuições importantes

A marca do pragmatismo orientou a intervenção da Força Sindical na luta setorial e corporativa, e na presença nos espaços públicos e estratégicos. Não foram anos fáceis. A luta sindical foi marcada fundamentalmente pela resistência à recessão, ao desemprego e pelo debate de um novo modelo econômico, após a abertura econômica promovida pelo governo Collor. A Central, aberta ao diálogo, certamente contribuiu para o avanço em diversas frentes. Citemos algumas:

Participação nos Lucros ou Resultados (PLR). Instrumento de remuneração variável associado a metas de resultado das empresas. As entidades sindicais filiadas à Força aproveitaram essa nova lei e a oportunidade para avançar e recompor parte das perdas salariais decorrentes da reestruturação produtiva e da alta inflação até 1994.

Desemprego e qualificação profissional. A intervenção da Força e das demais centrais no Codefat manteve o "ferro quente". Em outras palavras, os temas do desemprego e da qualificação do trabalhador entraram e não saíram mais da agenda das políticas públicas desde a crise econômica dos anos 90.

Evolução da Força Sindical

Em alguns temas, ao longo da década de 1990, a posição da Força Sindical foi diferente das posições de outras centrais sindicais. Provavelmente o tema de maior evidência foi o da privatização de empresas estatais. No caso das empresas siderúrgicas estatais, em particular a privatização da Companhia Siderúrgica Nacional (CSN), houve uma clara divisão do movimento sindical, e a Força assumiu um lado nessa disputa, apoiando a privatização. No governo Fernando Henrique Cardoso, a Força apoiou com entusiasmo a utilização de parcela dos recursos dos trabalhadores no FGTS para a compra de ações da Petrobras e da Vale do Rio Doce. Embora o movimento sindical estivesse dividido, a Força Sindical teve posição clara no assunto, colhendo os dividendos políticos da decisão na sociedade.

No governo Itamar Franco, após o impedimento do presidente Collor, o então ministro do Trabalho, Walter Barelli, instituiu o Fórum Nacional sobre Contrato Coletivo e Relações do Trabalho. A Força participou desse importante esforço, que não chegou a um consenso sobre uma nova proposta para o sistema de relações de trabalho no Brasil, mas indicou as questões que deveriam ser objeto de mudança para o aperfeiçoamento das relações de trabalho no País.

Em 2003, no início do governo Lula, foi criado o Fórum Nacional do Trabalho (FNT). Nesse fórum, a Força Sindical trouxe importante contribuição para mudar as relações de trabalho no Brasil. As resistências no movimento sindical, e em outros setores da sociedade, impediram que o Congresso Nacional votasse alterações na estrutura sindical no Brasil. Entretanto, no FNT avançou-se na implantação de critérios de representatividade das entidades sindicais, em especial das centrais de trabalhadores. O saldo positivo foi o reconhecimento das centrais sindicais por meio da Lei 11.648, de março de 2008.

A experiência de construção de uma proposta unitária do movimento sindical no FNT contribuiu para pavimentar uma nova forma de atuação das centrais, apoiada na unidade de ação. Essa unidade se fortaleceu com as Jornadas Nacionais da Classe Trabalhadora, que, a cada ano, mobilizaram milhares de trabalhadores em todos os Estados, e terminavam com a apresentação, em Brasília, de uma pauta da classe trabalhadora para o governo federal e o Congresso Nacional. A Força Sindical foi entidade atuante nas diversas jornadas e no Congresso Nacional, com atuação destacada de seu atual presidente, Paulo Pereira da Silva, o Paulinho, deputado federal por São Paulo, na defesa pública da pauta dos trabalhadores.

Cabe registrar que uma das principais conquistas das Jornadas Nacionais foi a da política de valorização do salário mínimo, reforçando a legitimidade de atuação da Força e das demais centrais na defesa da parcela menos protegida dos trabalhadores ativos, dos aposentados e pensionistas.

Atualmente a Força Sindical é a segunda maior central sindical brasileira em número de trabalhadores representados por suas entidades filiadas. Aos vinte anos de idade, é uma entidade jovem que já consolidou seu espaço na vida sindical e pública do Brasil. Atua em todos os temas que dizem respeito aos trabalhadores brasileiros. Além da luta clássica por melhoria salarial, geração de emprego e condições de trabalho, a Força desenvolve políticas para as questões de gênero, jovens, raça e de pessoas com deficiência, entre outras, confirmando a sua maturidade como entidade de representação dos amplos interesses da classe trabalhadora.

Novos desafios

O Brasil caminhou muito nos últimos anos. O povo recuperou a autoestima e viu sua vida melhorar. Mas ainda há muito a ser feito para o País atingir um outro patamar de desenvolvimento, que acabe com a pobreza, valorize o trabalho e distribua a renda.

O movimento sindical e a Força têm um papel estratégico nesta nova etapa. A trajetória do desenvolvimento vai exigir clareza de objetivos, visão estratégica para a construção de alianças com outros atores sociais e políticos para avançar e mudar o País.

A tentativa de construir pactos setoriais, como a discussão da defesa da produção e do emprego, liderada pelos metalúrgicos da Força e da CUT, é um exemplo de escolha estratégica buscando debater a questão da desindustrialização no Brasil.

O caminho do desenvolvimento não será harmonioso. Tensões distributivas vão ficar mais evidentes para assegurar a permanente melhoria do bem-estar da população. Um exemplo é a necessária elevação dos salários na economia brasileira. Só seremos desenvolvidos se a massa de salários estiver aumentando sua participação na renda nacional. O sucesso, ou o fracasso, do desenvolvimento no Brasil vai depender das escolhas e da maturidade dos atores sociais e políticos em achar pontos de convergência para a construção de políticas amplas que atendam ao interesse dos trabalhadores e da população. A Força Sindical já mostrou, apesar de sua juventude, que pode contribuir decisivamente para o sucesso desta nova etapa do desenvolvimento no Brasil. A responsabilidade é enorme. O grande sambista Adoniran Barbosa dizia em uma de suas letras magistrais: "Deus dá o frio conforme o cobertor". O cobertor da Força é grande!

Sérgio E. A. Mendonça é economista. Foi diretor técnico do Dieese entre 1990 e 2003. Foi Secretário de recursos humanos do Ministério do Planejamento entre 2003 e 2009. Atualmente é assessor da direção técnica do Dieese.

Artigos

VINTE ANOS DE CONQUISTAS

*Luiz Fernando Emediato**

Naquele tempo, 1991, ainda era possível colocar *outdoors* na Capital de São Paulo, e na primeira semana de março um deles, com uma menina de cerca de dez anos de idade segurando uma bandeira, espalhou-se pela cidade e por todo o Estado levando a mensagem: "NASCE UMA NOVA FORÇA" – assim mesmo, com maiúsculas, e no lado esquerdo da menina e da bandeira a frase absolutamente destituída de modéstia: "A bandeira que vai mudar este País".

Nos dias 8, 9 e 10 de março daquele ano, 1.793 delegados sindicais, representando 783 sindicatos e federações, mais 74 representantes de entidades sindicais internacionais, reuniram-se em congresso no Memorial da América Latina para, sob a liderança de seu fundador, Luiz Antonio de Medeiros, criar a Força Sindical. Seria mais do que apenas a terceira central sindical brasileira, que surgia para se contrapor – a palavra era mesmo esta – à então radical Central Única dos Trabalhadores (CUT) ou à acomodada Confederação Geral dos Trabalhadores (CGT), hoje extinta.

A Força Sindical nasceu com um projeto – jamais alterado – de agir com os trabalhadores, os intelectuais, a sociedade civil, os empregadores, os políticos, o Judiciário e o Estado na construção de uma alternativa para um Brasil que não tinha rumo, esperança e autoestima. Um país que se esgotava na pobreza, na inflação, no desemprego e na recessão. Nascia pluralista, suprapartidária, democrática, progressista e independente. Nascia com o projeto de transformar o País em uma nação moderna, capaz de competir com o mundo desenvolvido.

Era novidade, naquela época, o que hoje parece óbvio: os sindicatos – anunciava a Força Sindical – não devem apenas defender seus associados, corporativamente, só reivindicando ganhos salariais e boas condições nos locais de trabalho. Devem fazer isto, sim,

Primeira Revista da Força Sindical, junho de 1991.

mas muito mais: participar das principais decisões políticas, econômicas e sociais no mesmo nível do governo, dos políticos e dos empresários. Nascia, no Brasil, o sindicalismo-cidadão.

Naquele primeiro trimestre de 1991, os 1.793 delegados de 783 sindicatos e federações reunidos no Memorial da América Latina sabiam que estavam dando origem a algo grandioso. Mas talvez não pudessem imaginar que estavam começando a mudar o próprio País. Vinte anos depois, a Força representa milhões de trabalhadores e deixou sua marca indelével na história recente. Boa parte das mudanças ocorridas no Brasil nas últimas duas décadas – leis, comportamento sindical, modernização da economia, privatização de empresas deficitárias, proteção de empresas estatais estratégicas, valorização do salário mínimo, redistribuição de renda, preservação de direitos – tem, na sua origem, a mão da Força Sindical e de seus dirigentes.

Uma bandeira para mudar o Brasil

Convidados do Brasil e do mundo acorreram ao Memorial da América Latina para participar daquele momento histórico. Um deles, o senador Eduardo Matarazzo Suplicy, do PT, simpatizante da CUT, deixou claro que, com a fundação da Força Sindical, "os trabalhadores terão mais uma importante opção em sua luta contra o arrocho e a recessão". O também senador Fernando Henrique Cardoso – que ainda nem sonhava ser presidente da República – foi direto ao ponto: "O surgimento da Força Sindical trará maior equilíbrio para o sindicalismo brasileiro".

Em seu discurso, e em entrevista concedida dias depois para a revista de fundação da Central, Fernando Henrique repisava a ideia de que "no momento em que existir só uma central, as minorias serão esmagadas e, mais facilmente, o peleguismo dominará o movimento sindical". O senador comungava com a ideia de que as centrais devem negociar com o governo, com os empresários e com outros setores da sociedade.

O sindicalismo brasileiro havia se fortalecido e se renovado depois das grandes greves de 1978 e 1980. Havia tomado corpo e ganhado vida. Mas a hiperpolitização, principalmente da CUT – à qual se atrelou o PT, ou vice-versa –, havia deixado a todos num dilema. Como lembrava Fernando Henrique, a Constituição de 1988 marcava a ruptura entre o sindicalismo e o Estado, mas sem romper com a visão corporativista e a unidade forçada.

Quem eram aqueles homens?

O surgimento da Força daria início a uma saudável competição entre as centrais. Principalmente porque nascia com a proposta de ser independente, de não ser atrelada a um partido político – ainda que seus dirigentes, como qualquer cidadão, pudessem e devessem ter preferência e até militância partidária. Para ser independente, a Central teria também que não depender do Estado para custear suas ações – uma luta que se prolonga até hoje, com a oposição dos capitalistas e políticos conservadores, os quais tentam, a todo momento, quebrar financeiramente as instituições sindicais, dificultando sua arrecadação e propondo na Justiça causas descabidas.

Plateia no congresso de fundação da Força Sindical, março de 1991.

Mas quem eram aqueles homens que, naqueles três dias de março de 1991, fundaram a Força Sindical? O que pensavam? Quais eram seus partidos? O professor da Universidade de Campinas (Unicamp) e da Universidade de São Paulo (USP), Leôncio Martins Rodrigues, juntamente com o professor Adalberto Moreira Cardoso, do Centro Brasileiro de Análise e Pesquisas (Cebrap), fizeram uma pesquisa junto aos participantes do congresso de fundação, e o resultado não poderia ter sido outro: o principal papel de uma central sindical, diziam 76% deles, era atuar politicamente, pressionando o governo e os políticos em defesa dos interesses dos trabalhadores. Apenas 20,6% achavam que uma central deveria ficar longe da política e do governo, dedicando-se unicamente às questões sindicais.

A grande maioria – 88,2% – considerava que os trabalhadores lucravam mais quando negociavam diretamente com as empresas, sem intervenção do governo e da Justiça do Trabalho. A maioria desses – 89% – defendia a greve como importante instrumento de luta, "mas sempre como último recurso". Uma surpresa: os sindicalistas ali presentes nunca haviam participado de outros congressos organizados pela CUT, Conclat e CGT. Ou seja: eles não se sentiam representados pelas outras centrais e estavam à espera de algo novo. De forma que a Força Sindical não surgiu – como se acusava – para "dividir" o movimento sindical. Surgiu para somar.

Coerentes com a proposta da nova central de ser suprapartidária e pluralista, a pesquisa revelou que havia ali gente de todos os credos políticos: 17,7% simpatizavam com o PT, 16,9% com o PMDB, 16,6% com o PDT, 13,5% com o PSDB, 6,7% com o PCB e PCdoB, 8,9% com outras legendas, e 18,9% não tinham preferência por nenhum partido.

Ao contrário dos que consideravam a Força Sindical "de direita", a pesquisa mostrava que a maioria simpatizava com partidos considerados progressistas, de centro-esquerda ou de esquerda.

E mais: ainda que os críticos insistissem que a central nascia sob a inspiração do então presidente Fernando Collor, a maioria havia votado em Lula (27,4%), Mário Covas (17,6%), Brizola (17,6%) e apenas 14,7% em Collor. Alguns poucos – 5,4% – haviam votado em Roberto Freire.

Os fundadores da Força Sindical eram progressistas, defendiam um Congresso forte e o sistema parlamentarista de governo, com diminuição do poder do presidente da República. A maioria (66,2%) defendia um entendimento nacional entre trabalhadores, empregadores e governo.

A Força Sindical, com seus dirigentes do PDT, do PT, do PSDB, do PMDB e de vários outros partidos, nascia unida na tolerância e na disposição para o diálogo. Bem diferente do que então havia no movimento sindical brasileiro.

Melquíades Araújo, presidente da Federação dos Trabalhadores na Indústria de Alimentação do Estado de São Paulo, fundador e líder histórico do PSDB, primeiro vice-presidente da Força Sindical, foi claro em seu discurso: "Não queremos uma central que apenas proteste, mas que participe das decisões, que se sente à mesa de negociação em igualdade de condições com os empresários e com os representantes do governo. E que discuta, nesta mesa de negociação, a sua proposta, o seu projeto".

Jorge Nazareno dos Santos, atual presidente do Sindicato dos Metalúrgicos de Osasco, era e continua sendo quadro do PT. Mas optou por estar na Força Sindical. Segundo ele: "Precisamos ser realistas. Meu sindicato, que historicamente sempre ganhou suas lutas ao lado dos metalúrgicos de São Paulo e Guarulhos, não poderia estar em outra central". Explica-se: o poderoso Sindicato dos Metalúrgicos de São Paulo, o maior da América Latina em sua categoria, é o sindicato-mãe da Força Sindical.

Em busca de propostas para o Brasil

Propostas para mudar o País o Brasil já conheceu muitas. Mas todas, até então, haviam causado mais decepção do que esperança, pois despencavam sobre os cidadãos na forma de "pacotes" econômicos que, depois, só causavam prejuízos. A Força Sindical queria discutir um projeto definitivo para o Brasil – um novo modelo econômico, político e social.

Esta ideia nova – ambiciosa, poderosa – começara a nascer quando o Sindicato dos Metalúrgicos de São Paulo foi presidido por Luiz Antonio de Medeiros, um amazonense perseguido, ainda muito jovem, pela ditadura militar. Medeiros conseguiu sair do País. Exilou-se na Europa e, depois, estudou em Moscou, na Escola Internacional Leninista, que formava quadros internacionais para os partidos comunistas em vários países. Trabalhou, então, em uma metalúrgica em Leningrado e só voltou ao Brasil após a anistia de 1979. Dedicou-se à carreira sindical e, em 1988, durante a Constituinte, tornou-se nacionalmente conhecido por suas ideias inovadoras e sua capacidade para negociar.

Logo passou a ser chamado de "sindicalista de resultados", um homem que, em vez de enfrentar o capital, negociava – e conquistava – melhorias notáveis para os trabalhadores que representava. Foi a partir daí que ele se empolgou com a ideia da criação de uma nova central sindical. Ele levou a ideia aos sindicalistas – todos independentes – dos setores da alimentação, comércio, têxteis, gráficos, químicos e, em curto prazo, já conquistara para a ideia o apoio de quase mil sindicatos em todo o País.

Com quais ideias, porém, se tentava conquistar esses sindicalistas independentes? A incipiente Central defenderia o diálogo com a sociedade e o Estado, a participação do trabalhador no lucro das empresas, a retomada do desenvolvimento. A participação dos trabalhadores, representados pelos sindicalistas, nos Conselhos governamentais, nos Conselhos das empresas estatais, nos variados Fóruns de discussão.

Tudo isso para se buscar – pela participação e pelo diálogo – um novo modelo de desenvolvimento econômico, político e social. O mundo estava mudando. O Muro de Berlim vinha abaixo, a União Soviética ruía, o socialismo real estilhaçava-se. Havia o risco de o capitalismo selvagem tomar conta de tudo, como de fato quase aconteceu no período em que os neoliberais assumiram o comando das finanças mundiais e quase quebraram o planeta inteiro.

Uma mudança, em especial, aturdia as pessoas: as mudanças tecnológicas, que haveriam de marcar a humanidade de forma similar às mudanças advindas da invenção do papel e da

Jornal O Estado de São Paulo *de 1º de março de 1986 afirma que Plano Cruzado afundava.*

tipografia, que disseminou o conhecimento, permitindo o Renascimento e a invenção das caravelas e da indústria naval, que permitiu ao homem desbravar novos mundos. E ainda a revolução industrial, a máquina a vapor, a eletricidade, o motor a gasolina e a aviação.

A microeletrônica, a informática, as comunicações na velocidade do pensamento, as telecomunicações, a Internet, a telefonia celular – inovações surgiam todos os dias e o Brasil permanecia parado, com as empresas ainda usando máquinas de escrever ou computadores arcaicos, e o mercado de trabalho sem perceber o quão dramáticas eram as mudanças.

O capitalismo que se praticava no Brasil, afirmava a Força Sindical em sua Carta de Princípios, era primitivo, selvagem, baseado na prática de cartéis e monopólios e na busca de favores e benesses do Estado. Um capitalismo autárquico, sem riscos, que dependia do protecionismo estatal e se beneficiava do próprio processo inflacionário, por intermédio da especulação.

Elites egoístas, sem projeto de nação, comandavam o País e suas principais instituições, enquanto os trabalhadores, desorganizados, de pouco participavam. Os dados sociais divulgados em 1991 pelo IBGE eram dramáticos: os 10% mais pobres detinham 0,6% da renda nacional, enquanto os 10% mais ricos se apropriavam de 53,2% da renda. Naquele quadro, 48,6% dos trabalhadores recebiam até dois salários mínimos por mês (sendo que o salário mínimo era de apenas 52 dólares), e só 3,2% mais de vinte salários mínimos (1.040 dólares). Era a pior distribuição de renda em todo o mundo.

Hoje, a situação é bem outra: embora a renda dos 10% mais ricos tenha aumentado 12,58% nos últimos dez anos, a renda dos 10% mais pobres subiu 69,08%, e a dos 50% mais pobres, 52,59%. Isto aconteceu por causa das políticas públicas executadas nos últimos vinte anos, e principalmente nos últimos dez anos. A Força Sindical participou dessas mudanças lutando pela valorização do salário mínimo, pelo seguro-desemprego, pela preservação e aumento dos ganhos dos aposentados. O salário mínimo hoje é de mais de trezentos dólares, seis vezes o mínimo de 1991.

Se vivemos hoje em um país com a inflação sob controle (apesar da gritaria sobre um descontrole que ainda não aconteceu), e com a pobreza em declínio, isto se deve ao Plano Real (no governo de Itamar Franco, que sucedeu Fernando Collor, deposto), ao início dos programas sociais no governo Fernando Henrique e à firme disposição do presidente Lula em continuar e radicalizar tais políticas. A Força Sindical apoiou todas essas iniciativas – no governo de FHC, no governo Lula e, ainda hoje, no de Dilma Rousseff –, embora sempre criticando a política de juros altos para conter a inflação, também duramente criticada, dentro do próprio governo, pelo então vice-presidente José Alencar, já falecido.

Em seu programa de lutas, a Força Sindical apresentou para a sociedade – empresários, trabalhadores, Congresso e governos – suas propostas para o salário mínimo, aposentadorias, participação nos lucros, livre negociação, seguro-desemprego, organização social no local de trabalho, cogestão, contrato coletivo de trabalho, formação e requalificação de mão de obra, formação e educação sindical, segurança e medicina do trabalho, garantias no emprego, liberdade e autonomia sindical, unificações de datas-base, cooperativismo, economia informal, trabalho da mulher, transportes, habitação, educação, política econômica, dívidas externa e interna, reforma do Estado, imigração, direitos constitucionais, reforma agrária, meio ambiente e organização política da sociedade, assim como a própria forma de governo, a democratização dos meios de comunicação e a política externa, soberana.

O sol, a flor e um projeto para o Brasil

Tantas ideias precisavam de um símbolo. Medeiros havia buscado na central francesa Force Ouvrière (Força Operária) a inspiração, modernizada, para o nome da nova central. Mas ela precisava de um rosto, e ele foi buscá-lo em um jovem grupo de *designers* que, naquela época, ainda se familiarizavam com os novos computadores da Apple, os poderosos e inovadores Macintosh. A proposta dos jovens artistas desconcertou, no início, os dirigentes da Central, que ainda estava em gestação nos últimos meses de 1990.

Um círculo com uma esfera vermelha ao centro e, dentro da esfera, uma flor. "Mas uma margarida?", espantou-se o então presidente da Federação dos Comerciários de São Paulo, Paulo Lucânia, já falecido. "Não é uma margarida, é um girassol", explicaram os *designers*. A ideia da flor não estava convencendo os homens, até que a metalúrgica Nair Goulart, hoje presidente da Força Estadual da Bahia, pediu a palavra e elogiou. A força da mulher apoiava a ideia!

O símbolo fundamenta-se no sol – vermelho como o sol do Oriente, fonte de vida e energia – e no girassol, que está sempre de frente para a luz e de costas para a escuridão. Força, energia, vida e determinação. Em seu discurso no encerramento do congresso de fundação, o fundador e primeiro presidente da Central fez questão de afirmar: "Nosso compromisso é com este símbolo, este girassol que representa a vida, e este sol que representa a energia, a fonte de nossa vida. A energia que nos dará força, esta luz que vai nos guiar para o nosso grande destino".

A Central adquiria, assim, sua marca. No congresso de fundação, Medeiros fez um inflamado discurso de encerramento e olhou para a bandeira da nova central, com seu símbolo alegre e colorido, concluindo: "um povo sem esperança é um povo sem futuro, é um povo sem alegria, é um povo sem projeto".

Um Projeto para o Brasil

A ideia de um projeto para o Brasil, que nascia no Congresso, não era mera promessa, e haveria de se tornar realidade menos de dois anos depois, quando a Central apresentou para a sociedade as 656 páginas do documento "Um Projeto para o Brasil – a proposta da Força Sindical". Em uma atitude mais do que ousada, a Central contratou uma enorme equipe de especialistas para fazer o que nenhum partido, nem o próprio governo, havia feito até então: estudar e redigir um projeto para o País.

O que a Força Sindical anunciara em seu Congresso não tinha sido uma figura de retórica ou um factoide. Ainda sem recursos próprios,

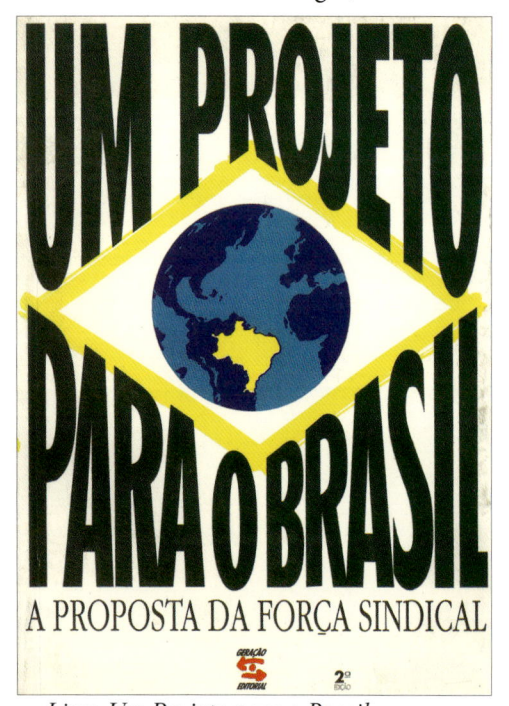

Livro Um Projeto para o Brasil.

contou com o apoio do Sindicato dos Metalúrgicos de São Paulo para contratar o engenheiro e economista Antonio Kandir para dirigir uma equipe de quase cem estudiosos, especialistas e cientistas. Desta equipe foram tirados outros 26 coordenadores. Ao final todos deveriam apresentar para a sociedade, em nome da Força Sindical, um documento com propostas efetivas capazes de mudar o País em todas as áreas.

Antes de iniciados os trabalhos, um resumo do que se propunha foi levado para análise e contribuições a economistas, filósofos, cientistas políticos, educadores, sociólogos, empresários, militares e membros do governo de Itamar Franco, presidente àquela época. O País vivia um momento difícil, e havia a consciência de que qualquer projeto de mudanças só seria bem-sucedido se viesse de um consenso mínimo.

Impeachment

Luiz Antonio de Medeiros, que havia apoiado Collor durante a campanha eleitoral, ouvia resignado a falsa acusação de que a Central estava a serviço do presidente. Mas, diante das evidências de corrupção e de nebulosos negócios no governo, Medeiros se juntara ao movimento pelo *impeachment*. Em nome da Força Sindical, ele fez no dia 18 de setembro de 1992, no Vale do Anhangabaú, um discurso histórico, apoiando o *impeachment* e defendendo, mais uma vez, um novo projeto para o País.

Nesse discurso, cuidadosamente discutido com a direção da Central, deixava-se claro que, sem um projeto de nação, o Brasil resvalaria ladeira abaixo, sufocado pela decepção do povo com seus dirigentes. Esse projeto implicava reformas estruturais profundas, nas áreas fiscal e tributária, com a reforma do Estado burocrático e atrasado e na educação. O Brasil precisava crescer e dar emprego e riqueza para milhões de brasileiros, até então privados de seus direitos mais básicos.

Pela primeira vez na história do País, trabalhadores organizados estavam contratando com seus próprios recursos uma equipe de cientistas para elaborar um projeto de nação, envolvendo, nesse projeto, setores significativos da sociedade. Daí nasceu uma cuidadosa sistematização de propostas realistas para a construção de um novo modelo de desenvolvimento para o Brasil.

O estudo, que se tornou um livro, estava aberto à crítica e à discussão, e ao final acabou sendo aperfeiçoado ao longo dos oito anos de governo de Fernando Henrique Cardoso. Vários dos especialistas contratados pela Força Sindical foram trabalhar no governo – Kandir como ministro, outros como secretários e diretores –, onde puderam colocar em prática parte das ideias que haviam ajudado a elaborar.

Desse projeto o Estado brasileiro incorporou mudanças no sistema de concorrência, nas comunicações, na exploração do petróleo, no sistema de seguro-desemprego e de qualificação profissional, no próprio sistema sindical, com a legalização das centrais e a participação de trabalhadores nos conselhos de administração de empresas estatais e também na gestão de programas sociais, nos Ministérios da Saúde, Trabalho, Previdência Social e outros. Houve mudanças profundas na saúde, na assistência social e na alimentação da população carente.

Quase vinte anos depois do "Projeto Brasil", entretanto, ainda resta muito a fazer. A política econômica ortodoxa, baseada nas taxas de juros altos, continua inadequada e ainda com forte influência do mercado financeiro, principalmente dos rentistas, a maioria estrangeiros – os mesmos que quase levaram os Estados Unidos e o mundo à bancarrota em 2008. O sistema previdenciário continua injusto, com milhões de cidadãos do sistema privado – do INSS – recebendo aposentadorias desvalorizadas, bloqueadas pelo fator previdenciário, enquanto servidores públicos continuam recebendo – sem que haja recursos – aposentadorias integrais, o que implica aportes bilionários do Tesouro, prejudicial a ações mais urgentes e justas, como investimentos em educação e saúde.

Lutas constantes

O dia a dia da Força Sindical, desde sua instalação, em 1991, em uma pequena casa na Rua Coronel Oscar Porto, em São Paulo, até sua mudança para o imponente Palácio do Trabalhador – sede do Sindicato dos Metalúrgicos de São Paulo –, e atualmente sua consolidação em sede própria, na Rua Rocha Pombo, no bairro da Liberdade, é de lutas, conquistas e eventuais decepções, provocadas pela injustiça.

Um mês depois de seu nascimento a Central já enveredava pela defesa de trabalhadores rurais assassinados impiedosamente no Bico do Papagaio, violenta região delimitada pelos Estados do Pará, Tocantins e Maranhão, no Norte-Nordeste brasileiro. De uma visita à região resultou o primeiro relatório da Central, entregue ao então ministro da Justiça do governo Collor, coronel Jarbas Passarinho.

O relatório dizia que: "O Brasil não será um país moderno enquanto sua terra estiver distribuída como se estivéssemos na Idade Média. A reforma agrária deve ser o objeto deste

Artigos

MUDANÇA

FORÇA SINDICAL SOB NOVA DIREÇÃO

Eleição unânime fez de Paulinho o novo presidente da Central, o segundo de sua história

Desde o dia 5 de março de 99 a Força Sindical passou a ter novo presidente, o segundo de sua história. Paulo Pereira da Silva, presidente do Sindicato dos Metalúrgicos de São Paulo, foi eleito por unanimidade em uma assembléia que contou com a participação do Diretório Nacional da Força.

A biografia de Paulinho o qualifica para liderar com competência qualquer entidade de defesa do trabalhador. Tudo como um sindicalista criativo e realizador, Paulinho sucedeu Medeiros na presidência do Sindicato dos Metalúrgicos de São Paulo, em uma época de grandes dificuldades econômicas e sociais. Apesar disso, ele consolidou a entidade como a maior do gênero da América Latina e solidificou sua força política. Hoje, o Sindicato dos Metalúrgicos – que ainda é dirigido por Paulinho – tem papel decisivo em questões políticas, sociais e econômicas do País.

Paulinho também foi o líder que primeiro vislumbrou grandes conquistas do trabalhador. Foi ele que sonhou e ajudou [...] lácio do Trabalhador é o principal ponto de referência do movimento sindical brasileiro e de políticas públicas.

Afinidade de idéias – O fundador e primeiro presidente da Central, Luiz Antonio de Medeiros, deu todo apoio ao seu sucessor. Em seu discurso de entrega do cargo, Medeiros ressaltou que continua com a Força Sindical, mas achou por bem entregar a presidência para dedicar-se prioritariamente ao seu cargo como deputado federal. Mas fez questão de ressaltar: "Continuo unido aos meus companheiros em nossa luta constante na Força Sindical."

Medeiros e Paulinho: respeito mútuo, criatividade e disposição para a luta os transformaram em pilares principais do movimento sindical brasileiro

ENGLISH – Força Sindical takes new President

Unanimous vote gives Paulinho the presidency at Força Sindical, only the second in all its history.

From 5th March 1999 the Força Sindical has a new president. He is the second in the Força's history. Paulo Pereira da Silva, president of the Metal Worker's Union of São Paulo, was elected by unanimous vote in an assembly that counted with the participation of the Força's National Board of Directors.

Paulinho's biography gives him the right country's political as well as social-economic questions.

Paulinho was the first leader to see the great conquests to be made in the name of the workers. He was the one who dreamed and helped transform into reality the Centro de Solidariedade ao Trabalhador, organ that is today the pride of Força in all of Brazil. It was Paulinho as well who fought for the construction of the Palácio do Trabalhador, general battlefield for fight and ideas and headquarters to Força Sindical's modern approach to syndicalism. Today, the Palácio do Trabalhador is a beacon for the trade union movement in Brazil. It is also the great stage for public policies debates.

Segunda revista da Força Sindical, março de 2000.

governo". Só naquela região já haviam sido assassinados 383 trabalhadores rurais em dez anos (desde 1980).

Nem bem a equipe da Força Sindical havia descansado da extenuante viagem pelo Bico do Papagaio, foi preciso enfrentar a intransigência da Fiesp (Federação das Indústrias do Estado de São Paulo) diante da recessão econômica, que estava levando o empresariado a demitir milhares de trabalhadores. Os empresários tiveram de recuar e, a partir daí, começaram a discutir melhores alternativas para a retomada do desenvolvimento, com trabalhadores e empresários indo juntos ao governo para exigir mudanças.

Movimentos pela aposentadoria digna, pelo meio ambiente – consolidados no I Congresso Eco-Sindical, realizado em São Sebastião, como preliminar à Eco 92 – e uma surpreendente parceria com a CUT para evitar demissões na Autolatina (empresa que na época juntava os interesses da Ford e da Volkswagen), tudo isto mostrava para a sociedade o grande potencial de luta da Força Sindical.

Chega a vez de Paulinho

Em 1998, o fundador da Força Sindical, Luiz Antonio de Medeiros, passou o bastão de comando da Central para outro metalúrgico, Paulo Pereira da Silva, que vinha se destacando por seu carisma e coragem. Medeiros elegeu-se deputado federal com 185 mil votos e afastou-se da direção sindical, deixando para Paulinho a missão de fortalecer e fazer crescer a Central que criara.

Com Paulinho à frente, outras lutas se impuseram: a reposição das perdas do FGTS – que poderia levar à destruição da Caixa Econômica Federal, um patrimônio da sociedade, mas que não poderia deixar de ser pago, como de fato foi; a recuperação das festas de 1º de Maio, que, em seu início, reuniu setenta mil pessoas em um estádio de futebol, sendo inicialmente criticada pelas outras centrais e, hoje, realizadas por todas elas, reúnem mais de um milhão de pessoas; a valorização e recuperação do poder de compra do salário mínimo, que já passa dos trezentos dólares; os reajustes anuais dos aposentados; a intransigente defesa dos direitos dos trabalhadores; o apoio à privatização e à participação dos trabalhadores como "sócios" das empresas, depois que compraram ações da Petrobras e da Vale com recursos do FGTS; e, finalmente, a presença constante da Central no Congresso Nacional, para o qual seu presidente, Paulinho da Força, foi eleito deputado federal.

O presidente da Força Sindical, deputado Paulinho – já em seu segundo e vitorioso mandato –, é avaliado pelo Departamento Intersindical de Assessoria Parlamentar (Diap) como um dos cem mais poderosos do Parlamento brasileiro. Não há causa envolvendo o trabalhador que ele não a lidere, nas comissões, nos gabinetes, nos plenários e junto à própria Presidência da República.

Tamanha projeção fez com que a Força Sindical, infelizmente, acabasse alvo de denúncias infundadas. Como em 2002, quando Paulinho foi candidato a vice-presidente da República na chapa de Ciro Gomes. Uma falsa denúncia acusou a Força Sindical de ter comprado uma fazenda por valores superfaturados no interior de São Paulo. A Central, na verdade, orientava trabalhadores rurais a usufruir dos benefícios do Banco da Terra, um programa governamental, auxiliando-os a se tornarem empreendedores em dezoito fazendas. Em uma delas, o sistema não funcionou, e, aproveitando-se disso, políticos regionais inescrupulosos fizeram a denúncia, que, devido à morosidade do sistema judiciário brasileiro, até hoje não foi esclarecida. Aguarda-se, com ansiedade, o final do processo na Justiça.

Outra, naquele mesmo ano eleitoral, no qual Força Sindical, CUT, CGT, SDS e Fiesp foram acusadas, injustamente, de ter alunos-fantasmas e não terem pago corretamente suas contrapartidas em programas de qualificação profissional desenvolvidos com recursos do Fundo de Amparo ao Trabalhador (FAT) no âmbito do Plano Nacional de Formação Profissional (Planfor), do governo FHC.

Tratava-se de um amplo e ambicioso programa de treinamento profissional, como o País jamais havia visto. Treinavam-se para o mercado de trabalho mais de dois milhões de trabalhadores por ano. De 1997 a 2002 – quando surgiram as denúncias – a Força Sindical já havia treinado quase meio milhão de trabalhadores, em mais de 1.500 municípios brasileiros. O programa crescia, com desenvolvimento de material didático próprio e o encaminhamento dos treinandos para emprego, por intermédio de postos do Sistema Nacional de Emprego (Sine), por meio do qual a Força Sindical operava agências em São Paulo, Guarulhos, Osasco, Santo André (na Grande São Paulo) e no Recife, Olinda e Jaboatão (no Grande Recife).

A Força Sindical preparava-se para expandir esse extraordinário trabalho social, desenvolvido rotineiramente por entidades sindicais em toda a Europa (com normas bem mais modernas do que as brasileiras), quando foi baleada por denúncias anônimas, que levaram os organismos de controle a interromper os programas e iniciar inquéritos para apurar os fatos. Tais inquéritos vão completar dez anos em 2012, quando se espera que, finalmente, o Tribunal de Contas da União (TCU) possa julgá-los, inocentando a Força Sindical dessas calúnias e, assim, fazer justiça.

O futuro

Em 2010, com sua legalização e a consolidação de um sistema de custeio, a Força Sindical deixou suas instalações no 8º e 9º andares do Palácio do Trabalhador, sede do Sindicato dos Metalúrgicos de São Paulo, e mudou-se para uma sede própria no bairro da Liberdade. Dedicou-se, nos últimos dois anos, a uma campanha de sindicalização.

Como faz desde sua fundação, e para manter sua independência, a Força Sindical não indicou nenhum de seus dirigentes ou filiados para cargos no governo. A maior parte dos dirigentes da Força Sindical apoiou o governo de Fernando Henrique Cardoso e sua reeleição, embora sempre criticando a política macroeconômica baseada nos juros altos. A Central não apoiava, no governo Collor, o ministro da Fazenda Marcílio Marques Moreira. No governo de FHC, opôs-se firmemente ao ministro da Fazenda Pedro Malan. No governo de Lula, criticou seu primeiro ministro da Fazenda, Antonio Palocci, e o poderoso e independente presidente do Banco Central, Henrique Meirelles.

No segundo governo de Lula, em função de seus avanços na área social, o presidente da Força Sindical – deputado pelo PDT, partido da base de apoio ao governo – e os principais dirigentes da entidade passaram a dar apoio ao governo –, mas sempre criticando sua política macroeconômica e seu modelo de Previdência Social, que manteve o fator previdenciário.

A Força Sindical apoiou a campanha presidencial da candidata Dilma Roussef e continua apoiando seu governo, apesar de ter discordado de sua equipe quanto ao reajuste do salário mínimo. E prepara-se, agora, nos seus vinte anos, para continuar na construção do futuro: vai defender a redução da jornada de trabalho para 40 horas semanais, sem redução dos salários;

a volta de um poderoso programa de qualificação profissional; o fim do fator previdenciário; e uma política macroeconômica mais criativa, sem ênfase na incessante e quase automática elevação dos juros. Embora o Projeto para o Brasil da Força Sindical tenha fincado raízes firmes no Estado brasileiro, não foi totalmente absorvido, e ainda falta muito para fazer.

---

* Luiz Fernando Emediato é escritor, jornalista e empresário. Em 1990, quando aceitou um convite de Luiz Antonio de Medeiros para trabalhar no apoio de Comunicação e Marketing para o lançamento da Força Sindical, desenhou a marca da Central e ajudou a organizar o congresso de fundação. Continuou cuidando da Comunicação e Marketing da central até a posse do presidente, Paulo Pereira da Silva. Representando a Força, foi conselheiro do Conselho Nacional de Previdência Social, do Conselho Deliberativo do Fundo de Amparo ao Trabalhador – do qual foi presidente em 2009 e 2010 – e do Conselho de Desenvolvimento Econômico e Social (CDES), da Presidência da República. Exerce, por vocação social, a função de consultor da Força Sindical.

A Força Sindical em 2011

Por sua grande capacidade de organização, a Força Sindical chegou aos seus 20 anos com um índice ascendente de filiações, e com uma média de crescimento, entre 1991 e 2011, de 20% por ano.

Em 1995, a Força Sindical contava com 441 entidades associadas, dos mais diversos setores (prestação de serviços, vestuário, indústria, comércio, rurais e tantos outros), e com quase quatro milhões de trabalhadores na base.

Entre o 5º Congresso, em 2005, e junho de 2009, às vésperas do 6º Congresso, a Central passou da casa dos 900 para mais de 1.500 sindicatos filiados, aumentando em mais de 80% o número de trabalhadores representados.

Em 2011, são 2.675 entidades e 9.986.818 trabalhadores na base, distribuídos nos principais setores da economia.

Além disso, para contemplar a diversidade de perfis dos trabalhadores a Força Sindical, ao longo de sua história, criou diversas secretarias.

Em 2011, a Central conta com as secretarias: Internacional, de Formação Sindical, de Saúde e Segurança no Trabalho, de Seguridade Social, da Juventude, da Criança e do Adolescente, de Políticas Raciais e Étnicas, de Cidadania e Direitos Humanos, de Emprego e Qualificação Profissional, de Meio Ambiente e Ecologia, de Política Agrária, de Pesca, de Esporte e Lazer, de Cultura e Memória Sindical, de Segurança Alimentar, de Transportes, de Assistência à Pessoa com Deficiência, entre outras.

Sua expansão nacional e representatividade estão de mãos dadas com a melhoria da qualidade de vida dos trabalhadores e com o desenvolvimento do Brasil. O principal objetivo da Força Sindical é a construção de um País mais justo, com estabilidade e crescimento econômico, progresso científico e tecnológico e, sobretudo, com trabalho decente.

20 anos - Força Sindical

Setores - Força Sindical

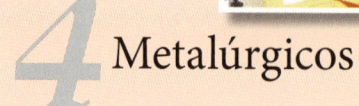

1. Rural 
2. Comércio 
3. Serviços 
4. Metalúrgicos 
5. Construção Civil  
6. Químicos 
7. Alimentação

Setores

8 Têxtil e Vestuário

9 Urbanitários

10 Transporte

11 Saúde e Serviços Gerais

12 Gráficos

13 Administração Pública

14 Aposentados

15 Eletricitários

Direção executiva da Força Sindical

CARGO	NOME	SETOR	UF
Presidente	Paulo Pereira da Silva (Paulinho)	Metalúrgico	SP
1º Vice-presidente	Melquíades de Araújo	Alimentação	SP
Vice-presidente	Abraão Lincoln Ferreira da Cruz	Pesca	RN
Vice-presidente	Almir Munhoz	Telefônico	SP
Vice-presidente	Antonio de Sousa Ramalho	Construção Civil	SP
Vice-presidente	Eunice Cabral	Costureira	SP
Vice-presidente	Ivandro Iris Moreira de Souza	Servidor Público	SP
Vice-presidente	João Batista Inocentini	Aposentado	SP
Vice-presidente	Levi Fernandes Pinto	Comerciário	MG
Vice-presidente	Luiz Carlos Gomes Pedreira	Senalba	SP
Vice-presidente	Maria Augusta Caitano dos Santos Marques	Comerciário	SP
Vice-presidente	Miguel Eduardo Torres	Metalúrgico	SP
Vice-presidente	Paulo Roberto Ferrari	Edifício	SP
Vice-presidente	Terezinho Martins da Rocha	Borracha	SP
Vice-presidente	Wilmar Gomes dos Santos	Construção Pesada	SP
Secretário-geral	João Carlos Gonçalves (Juruna)	Metalúrgico	SP
1º Secretário	Sérgio Luiz Leite	Químico	SP
2ª Secretária	Valclécia de Jesus Trindade	Têxtil	SP
3º Secretário	Edson Geraldo Garcia	Comerciário	GO
Secretário de Finanças	Luiz Carlos Motta	Comerciário	SP
1º Secretário de Finanças	Francisco Sales Gabriel Fernandes	Metalúrgico	SP
2º Secretário de Finanças	Miguel Padilha	Alimentação	SC
3º Secretário de Finanças	Minervino Ferreira	Comerciário	SP
Secretário de Rel. Internacionais	Nilton Souza da Silva	Comerciário	RS
1º Secretário de Rel. Internacionais	Hebert Passos Filho	Químico	SP
2º Secretário de Rel. Internacionais	Antonio Vitor	Alimentação	SP
3ª Secretário de Rel. Internacionais	Monica de Oliveira Lourenço Veloso	Metalúrgico	SP
Secretário de Rel. Sindicais	Geraldino dos Santos Silva	Metalúrgico	SP
1º Secretário de Rel.Sindicais	Oscar Gonçalves	Comerciário	SP
2º Secretário de Rel.Sindicais	Carlos Roberto de Carvalho Malaquias	Têxtil	MG
3º Secretário de Rel. Sindicais	Luciano Martins Lourenço	Químico	SP
Secr. de Org. e Mobilização	Nelson Silva de Souza	Metalúrgico	PR
1º Secretário de Org. e Mobilização	Antonio Sergio Farias	Alimentação	PR
2º Secretário de Org. e Mobilização	Cícero Firmino da Silva	Metalúrgico	SP
Secretário de Formação Sindical	José Pereira dos Santos	Metalúrgico	SP
1º Secretário de Formação Sindical	Ari Oliveira Alano	Metalúrgico	SC
2º Secretário de Formação Sindical	João Perres Fuentes	Comerciário	SP
Secretário de Saúde e Seg. do Trabalho	Arnaldo Gonçalves	Aposentado	SP
1ª Secretário de Saúde e Seg.do Trab.	Cídia Fabiane Correa dos Santos	Comerciário	RS
2ª Secretário de Saúde e Seg. do Trab.	Elvira Berwian Graebin	Calçado	RS
Secretário de Seguridade Social	Paulo José Zanetti	Aposentado	PR
1º Secretário de Seguridade Social	Claudio Magrão de Camargo Crê	Metalúrgico	SP
Secretário de Políticas para Mulher	Maria Auxiliadora dos Santos	Brinquedo	SP
1ª Secretário de Políticas p/ a Mulher	Maria Susicléia Assis	Costureira	SP
Secretário de Políticas p/ a Juventude	Jefferson Tiego da Silva	Comerciário	RS
1ª Secretário de Pol. para a Juventude	Francisca Léa da Rocha Meneses	Vestuário	CE
Secretário de Pol. Crianças e Adoles.	Gleides Sodré Almazan	Metalúrgico	SP
1ªSecretário de Pol. Crianças e Adoles.	Vilma Pereira Pardinho	Químico	SP
Secretário de Pol. Raciais e Étnicas	Adalberto Souza Galvão	Const. Pesada	BA
1ª Secretário de Pol.Raciais e Étnicas	Maria Rosangela Lopes	Metalúrgico	MG

Direção Executiva

Secretário de Cidadania e Dir.Humanos	Ruth Coelho Monteiro	Vestuário	SP
1º Secretário de Cidadania e Dir. Hum.	Raimundo Nonato Roque de Carvalho	Metalúrgico	MG
2º Secretário de Cidadania e Dir.Hum.	Severino Augusto da Silva	Edifício	SP
Secretário de Políticas Públicas	Lourival Figueiredo Melo	Agente Autônomo	SP
1º Secretário de Pol. Públ. (Saúde)	José Lião de Almeida	Saúde	SP
2º Secretário de Pol. Públ. (Educação)	Mara Valéria Giangiulio	Func. Público	SP
3º Secretário de Pol. Públ. (Segurança)	Evandro Vargas dos Santos	Vigilante	RS
Secretário de Pol. de Emp. e Qual. Prof.	Neuza Barbosa de Lima	Alimentação	SP
1º Secretário de Emp. e Qual. Prof.	Reinaldo Rosa de Souza	Constr. Civil	MG
2º Secretário de Emp. e Qual. Prof.	Defendente Francisco Thomazani	Alimentação	SC
Secretário de Meio Ambiente e Ecol.	Antonio Silvam Oliveira	Químico	SP
1º Secretário de Meio Ambiente e Ecol.	Valdir Lucas Pereira	Edifício	SP
2º Secretário de Meio Ambiente e Ecol.	Antonio Johann	Senalba	RS
Secretário de Relações Institucionais	Carlos Cavalcante Lacerda	Metalúrgico	DF
1º Secretário de Rel. Institucionais	Ezequiel Sousa do Nascimento	Func. Público	DF
2º Secretário de Rel. Institucionais	José Leodegário da Cruz Filho	Edifício	RJ
Secretário de Política Agrária	Elmo Silveira Léscio	Rural	SP
1º Secretário de Política Agrária	Braz Agostinho Albertini	Rural	SP
2º Secretário de Política Agrária	Daniel Vicente	Rural	SP
Secretário Nacional da Pesca	Walzenir Oliveira Falcão	Pesca	AM
1º Secretário Nacional da Pesca	Manoel Xavier de Maria	Pesca	SC
Secretário de Esportes e Lazer	Valdir Pereira da Silva	Metalúrgico	SP
1º Secretário de Esportes e Lazer	Mauro Cava de Britto	Telefônico	SP
Secretário de Cultura e Mem. Sindical	Milton Baptista de Souza Filho	Metalúrgico	SP
Secretário de Seg. Alimentar	Nuncio Mannala	Metalúrgico	PR
1º Secretário de Seg. Alimentar	Luis Carlos Silva Barbosa	Comerciário	RS
Secretário Nac. de Transportes	Moacyr Firmino dos Santos	Transporte	SP
Secretário Nac. de Ass. p./ Pes. c./Def.	Antonio Messias dos Santos	Químico	SP

Membros Natos da Executiva Nacional

CARGO	NOME	SETOR	UF
Dir. Executivo Nato	Aldo do Amaral de Araújo	Força Sindical PE	PE
Dir. Executivo Nato	Amauri R. dos Santos	Sec. Nac. Vigilantes	SP
Dir. Executivo Nato	Ilton Ferreira Barreto	Fed. Nac. Estivadores	DF
Dir. Executivo Nato	Antonio Porcino	Fed. Nac. Frentistas	SP
Dir. Executivo Nato	Uébio José da Silva	Fed. Nac. Aeroviários	SP
Dir. Executivo Nato	Leonardo Del Roy	Sec. Nac. Gráficos	SP
Dir. Executivo Nato	Cristina Helena Silva Gomes	Sec. Nac. Serv. Públicos	SP
Dir. Executivo Nato	Carlos Alberto Freitas	Sec. Nac. Serviços	SP
Dir. Executivo Nato	Mario Limberger	Fed. Nac. Téc. Agrícolas	RS
Dir. Executivo Nato	Gerson Antonio Fernandes	Fed. Nac. Rev. Veículos	MG
Dir. Executivo Nato	Dulce Elena	Sec Nac. da Alimentação	SP
Dir. Executivo Nato	Luciano Martins Lourenço	Sec. Nac. dos Químicos	SP
Dir. Executivo Nato	Claudio Guimarães Janta	Força Sindical RS	RS
Dir. Executivo Nato	Osvaldo Mafra	Força Sindical SC	SC
Dir. Executivo Nato	Sergio Butka	Força Sindical PR	PR
Dir. Executivo Nato	Danilo Pereira da Silva	Força Sindical SP	SP
Dir. Executivo Nato	Francisco Dal Pra	Força Sindical RJ	RJ
Dir. Executivo Nato	Rogério Fernandes	Força Sindical MG	MG
Dir. Executivo Nato	Alexandro Martins Costa	Força Sindical ES	ES
Dir. Executivo Nato	Nair Goulart	Força Sindical BA	BA
Dir. Executivo Nato	Willian Roberto Cardoso	Força Sindical SE	SE
Dir. Executivo Nato	Albegemar C. Costa	Força Sindical AL	AL
Dir. Executivo Nato	Monica de Oliveira Lourenço Veloso	CNTM	PR
Dir. Executivo Nato	José Porcino Sobrinho	Força Sindical PB	PB

Dir. Executivo Nato	José Antonio Souza	Força Sindical RN	RN
Dir. Executivo Nato	José Fernandes	Força Sindical CE	CE
Dir. Executivo Nato	Fabrício Dourado	Força Sindical PI	PI
Dir. Executivo Nato	José Ribamar Frazão Oliveira	Força Sindical MA	MA
Dir. Executivo Nato	Ivo T. Freitas	Força Sindical PA	PA
Dir. Executivo Nato	Maria Fátima Coelho	Força Sindical AP	AP
Dir. Executivo Nato	Vicente Lima Fillizola	Força Sindical AM	AM
Dir. Executivo Nato	Antonio A. Amaral	Força Sindical RO	RO
Dir. Executivo Nato	Luiz Anute dos Santos	Força Sindical AC	AC
Dir. Executivo Nato	Manoel de Souza	Força Sindical MT	MT
Dir. Executivo Nato	Idelmar Mota Lima	Força Sindical MS	MS
Dir. Executivo Nato	Rodrigo A. Carvelo	Força Sindical GO	GO
Dir. Executivo Nato	Epaminondas L. Jesus	Força Sindical DF	DF
Dir. Executivo Nato	Carlos Augusto Melo de Oliveira	Força Sindical TO	TO

Presidentes estaduais da Força Sindical

Estado	Presidente	Estado	Presidente
AC	LUIZ ANUTE DOS SANTOS	PB	JOSÉ PORCINO SOBRINHO
AL	ALBEGEMAR CASIMIRO COSTA	PE	ALDO AMARAL DE ARAÚJO
AM	VICENTE DE LIMA FILIZZOLA	PI	FABRÍCIO DOURADO GONÇALVES
AP	MARIA DE FÁTIMA COELHO	PR	SÉRGIO BUTKA
BA	NAIR GOULART	RJ	FRANCISCO DAL PRA
CE	RAIMUNDO NONATO GOMES	RN	FRANCISCO DE ASSIS PACHECO TORRES
DF	EPAMINONDAS LINO DE JESUS	RO	ANTONIO ACÁCIO MORAES DO AMARAL
ES	ALEXANDRO MARTINS COSTA	RS	CLÁUDIO R. GUIMARÃES SILVA (JANTA)
GO	RODRIGO ALVES CARVELO	SC	OSVALDO OLAVO MAFRA
MA	JOSÉ RIBAMAR FRAZÃO OLIVEIRA	SP	DANILO PEREIRA DA SILVA
MS	ILDEMAR DA MOTA LIMA	SE	WILLIAN ROBERTO CARDOSO
MT	MANOEL DE SOUZA	TO	CARLOS AUGUSTO MELO DE OLIVEIRA
MG	ROGÉRIO FERNANDES	RR	MANOEL ANTONIO DOS SANTOS SANTANA
PA	IVO BORGES DE FREITAS		

EVOLUÇÃO

EVOLUÇÃO DE REPRESENTATIVIDADE DA FORÇA SINDICAL

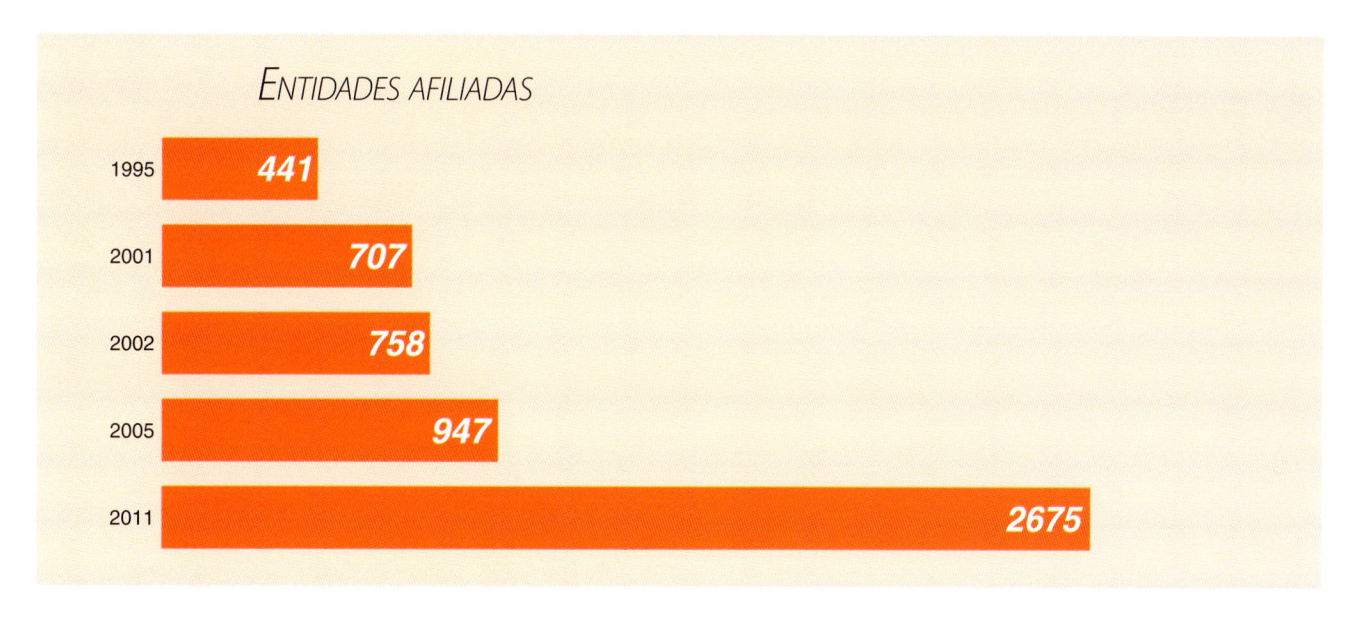

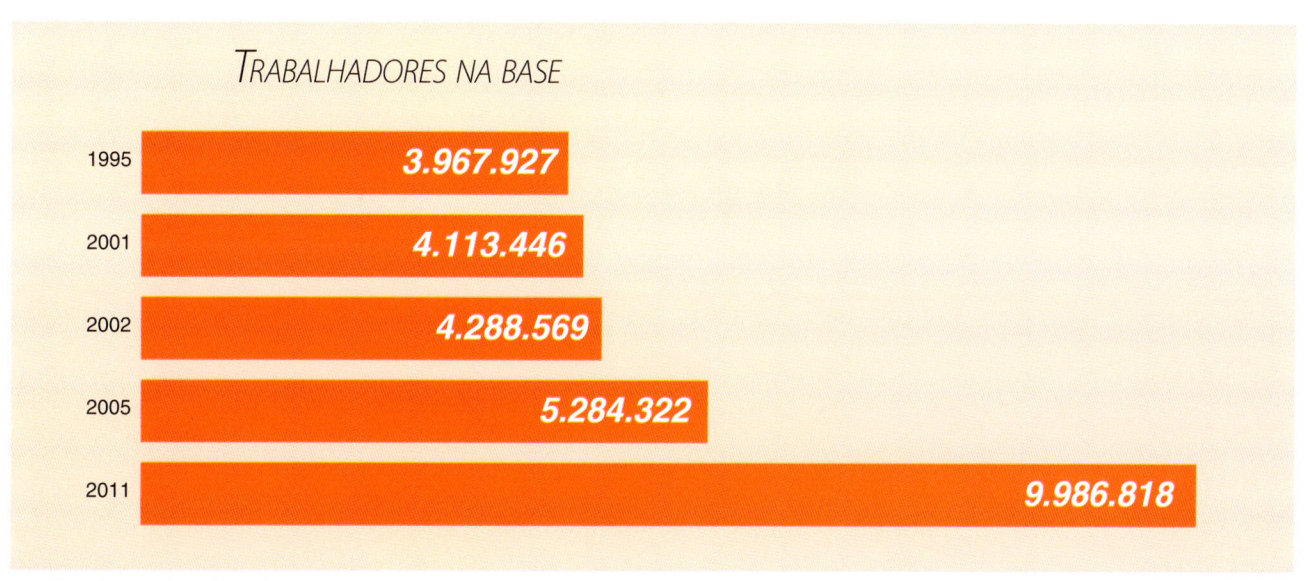

ENTIDADES AFILIADAS

Ano	Entidades
1995	441
2001	707
2002	758
2005	947
2011	2675

TRABALHADORES NA BASE

Ano	Trabalhadores
1995	3.967.927
2001	4.113.446
2002	4.288.569
2005	5.284.322
2011	9.986.818

Dados de 31 de julho de 2011

Nestes 20 anos...

Entre os anos de 1991 e 2011 o Brasil conquistou duas Copas do Mundo.

Mas também perdeu o piloto de Fórmula 1 Ayrton Senna.

Ao longo destes 20 anos um presidente foi deposto e três foram eleitos, sendo dois deles reeleitos.

O mundo mudou o jeito de consumir. E de consumir cultura e informação. Tudo ficou ao alcance de um clique.

A Internet e a telefonia móvel explodiram. Foram decretadas a obsolescência do disco de vinil, do CD, do disquete e de outras velhas mídias. Alguns tradicionais jornais impressos também fecharam as portas, *Jornal do Brasil* e *Washington Post*, entre outros.

As novidades passaram a surgir diariamente.

O mundo caminhou duzentos anos em 20!

Mas, em outros aspectos, parece que despencou morro abaixo...

Nestes 20 anos países foram soterrados, abalados por vulcões, terremotos, *tsunamis*, furacões, tempestades. Enchentes e deslizamentos derrubaram milhares de casas e de vidas.

E um murmúrio que colocava a culpa no chamado aquecimento global, outra nova moda, pairou no ar.

Nestes 20 anos a questão ambiental cresceu e ganhou força. A humanidade, sensibilizada, passou a se policiar, trazendo para a concretude da vida o intangível conceito de planeta.

E o planeta de fato mudou.

A União Soviética se desfez. O império estadunidense foi abalado pelo atentado às torres gêmeas e, em resposta, agrediu o Afeganistão, a pretexto de capturar aquele que liderou o atentado, Osama Bin Laden. E capturou. Assim como capturou o iraquiano Saddan Hussein.

Entre o ambientalismo e o belicismo, o petróleo figurou como "a menina dos olhos". E o Brasil descobriu seu pote de ouro negro, na Bacia de Santos: o pré-sal.

O Brasil avançou. Estabilizou a moeda, controlou a inflação e galgou o posto de um dos dez maiores mercados do mundo. Ganhou maior competitividade em portos marítimos, estradas de ferro, em telecomunicações, em geração de eletricidade, em distribuição do gás natural e em aeroportos, com o alvo de promover o melhoramento da infraestrutura.

Mas, apesar da estabilidade macroeconômica que aumentou a renda *per capita*, colocando o País em uma lista dos países mais promissores do mundo, o Brasil ainda carrega as diferenças entre pobres e ricos, entre os Estados do Norte e do Sul, entre a população urbana e rural.

População que, segundo o Censo Demográfico 2010, realizado pelo Instituto Brasileiro de Geografia e Estatística (IBGE), alcançou a marca de 185,7 milhões de habitantes, 9,5% a mais do que em 2000. 190 milhões em ação, com menos crianças, mais mulheres, mais idosos, mais pessoas se declarando pretas e pardas e, ainda segundo o IBGE, **com** mais de sessenta mil pessoas vivendo com parceiros do mesmo sexo.

Nestes 20 anos foi eleita a primeira mulher para a Presidência do Brasil. E o primeiro negro para a Presidência dos EUA.

Vivemos a maior crise financeira internacional desde 1929. A China, a Índia, a Rússia, a África do Sul e o Brasil emergiram. A Europa decaiu. E a juventude no Egito e na Líbia se levantou contra governos ditadores.

Com o avanço da ciência, a humanidade foi capaz de desvendar o código genético e criar seres em laboratório, de enviar mais homens para o espaço, inclusive um brasileiro, e de resgatar trabalhadores presos no interior da Terra.

No Brasil, trabalhadores da construção civil também se levantaram, em Jirau e Suape, contra condições indignas de trabalho.

O Brasil escolheu o caminho da social-democracia, e teve na abertura econômica uma de suas maiores aliadas.

A Força Sindical cresceu neste mundo. Entre estes fatos soltos, aleatórios e espontâneos como a vida. Fatos que trazem lembranças e tornam sua trajetória mais palpável.

1991

31/1: Ministra Zélia Cardoso anuncia o Plano Collor 2.

15/2: A Autolatina (união Volks-Ford) anuncia 5.110 demissões. Operários entram em greve e a *holding* recua.

8/3: Criação da Força Sindical, no Memorial da América Latina, SP.

26/3: Criação do Mercosul. Brasil, Argentina, Uruguai e Paraguai assinam o Tratado de Assunção.

29/10: Greve geral de 300 mil metalúrgicos de São Paulo, Osasco e Guarulhos.

26/12: Dissolução da URSS.

1992

3/6: Ocorre a Eco-92, no Rio de Janeiro.

Julho e agosto: Jogos Olímpicos de Verão na Espanha.

Agosto e setembro: Fora Collor! Povo pede o *impeachment* do presidente. O vice Itamar Franco assume.

1994

28/2: Plano Real estabiliza a moeda brasileira.

1/5: Morre Ayrton Senna, ídolo brasileiro da Fórmula 1.

8/5: Nelson Mandela assume a Presidência da África do Sul, colocando fim ao *Apartheid*.

Junho e julho: Copa do Mundo nos EUA. Brasil é tetracampeão.

Outubro: Fernando Henrique Cardoso é eleito para a Presidência do Brasil.

RETROSPECTIVA

1995

Julho: Para iniciar o acerto de contas da ditadura militar, governo FHC lista 136 desaparecidos entre 1964 e 1979. Em outubro a viúva do operário Manoel Fiel Filho, Teresa, morto sob tortura em 1976, recebe a notícia de que será indenizada.

1996

17/4: Massacre de Eldorado dos Carajás. PM-PA assassina 19 trabalhadores rurais sem-terra.

17/7: Reforma na Previdência de FHC institui o fator previdenciário.

Agosto e setembro: Jogos Olímpicos de Verão em Atlanta.

3/10: 57 cidades brasileiras instituem o voto eletrônico em eleições municipais.

1997

12/1: Programa de demissões voluntárias na Volkswagen brasileira corta 4.062 postos de trabalho.

28/1: Medida constitucional que prevê a reeleição presidencial é aprovada na Câmara.

23/2: Clonagem da ovelha Dolly, 1º animal criado em laboratório.

8/6: Gustavo Kuerten, 20 anos, vence o torneio de Roland Garros, França, e relança o tênis brasileiro.

5/7: Enílson Simões, o Alemão, cinde a Força Sindical e cria a SDS (Social-Democracia Sindical).

1998

22/1: Filme Central do Brasil, de Walter Salles, ganha o Urso de Ouro de melhor filme no Festival de Berlim.

12/5: Coligação PT-PDT-PSB-PCdoB lança a chapa Lula-Brizola à Presidência.

Junho e julho: Copa do Mundo na França vencida pela seleção anfitriã, francesa.

4/10: Fernando Henrique Cardoso é reeleito no 1º turno. Luiz Antonio de Medeiros é eleito deputado federal.

6/12: Coronel Hugo Chávez é eleito presidente da Venezuela pelo bloco de esquerda Polo Patriótico, com 57% dos votos.

20 anos - Força Sindical

2000
1/2: Jornada de trabalho de 35 horas semanais entra em vigor na França.

2001
Janeiro: 1º Fórum Social Mundial convoca à construção de um outro mundo possível.

11 de Setembro: Ataques atribuídos à Al-Qaeda destroem as torres gêmeas do World Trade Center em Nova Iorque, e atingem o Pentágono em Washington, EUA.

4/11: É lançado Harry Potter e a Pedra Filosofal, o primeiro filme da série Harry Potter.

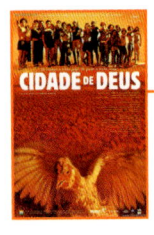

2002
Junho e julho: Brasil vence a Copa do Mundo, na Coreia do Sul e Japão.

30/8: Lançado Cidade de Deus, de Fernando Meirelles e Kátia Lund, filme que revolucionou o cinema nacional.

27/10: Luiz Inácio Lula da Silva (PT) é eleito presidente da República no segundo turno das eleições.

2003
Janeiro: Entra em vigor o novo Código Civil brasileiro.

Março: EUA iniciam o ataque militar contra o Iraque.

2005
12/2: Assassinato da irmã Dorothy Stang, no sul do Pará. Freira missionária que trabalhava na área do Xingu, promovendo projetos de desenvolvimento sustentável.

6/6: Roberto Jefferson denuncia o Mensalão, abrindo a maior crise política do governo de Luiz Inácio Lula da Silva.

Junho: Fundada a Nova Central Sindical de Trabalhadores (NCST).

22/7: O brasileiro Jean Charles de Menezes é confundido com terrorista e morto por policiais no metrô na cidade de Londres.

Retrospectiva

2006

- **29/3:** Marcos Pontes, cosmonauta brasileiro, é o primeiro nativo da língua portuguesa a viajar para o espaço.
- **Junho e julho:** Copa do Mundo da Fifa, na Alemanha, é vencida pela seleção italiana.
- **7/8:** Sancionada no Brasil a Lei Maria da Penha, de proteção à mulher.
- **Outubro:** Luiz Inácio Lula da Silva é reeleito presidente do Brasil.
- **Outubro:** Paulo Pereira da Silva é eleito deputado federal com a expressiva votação de 287.443 votos, o 6º candidato mais votado do Estado de SP.
- **30/12:** O dirigente iraquiano Saddam Hussein é executado no Iraque pelas forças de ocupação.

2007

- **Janeiro:** Apple lança o celular iPhone.
- **19/7:** Fundada a União Geral dos Trabalhadores (UGT).
- **8/11:** Petrobras anuncia descoberta de bacia gigante de petróleo e gás no litoral de Santos (SP), estimada em seis bilhões de barris. É o início do pré-sal.
- **12/12:** Fundada a Central dos Trabalhadores e Trabalhadoras do Brasil (CTB).

2008

- **19/2:** Fidel Castro renuncia à Presidência e ao comando das forças armadas em Cuba e é sucedido pelo irmão, Raúl Castro.
- **8/8:** Iniciam-se os Jogos Olímpicos em Pequim.
- **Setembro e outubro:** Inicia-se a pior crise financeira mundial desde 1929.

2009

20/1: Barack Obama e Joe Biden tomam posse como presidente e vice-presidente dos Estados Unidos da América.

25/6: Morre o cantor estadunidense Michael Jackson.

2/10: Rio de Janeiro é escolhido como cidade-sede dos Jogos Olímpicos de 2016.

2010

12/1: Terremoto no Haiti mata 230 mil pessoas, entre elas a brasileira e médica pediatra Zilda Arns Neumann, fundadora da Pastoral da Criança.

3/2: Avatar, longa de James Cameron, assume a posição de maior bilheteria do cinema.

1º/6: Realizada em São Paulo a 2ª Conclat, com as centrais sindicais brasileiras Força Sindical, CUT, CTB, CGTB e NCST.

5/8: 33 mineiros ficam presos na mina San José, no Chile, e são resgatados com vida a partir de 13 de outubro.

31/10 - Dilma Rousseff é eleita a primeira mulher presidente do Brasil no segundo turno das eleições presidenciais.

2011

11/1: Chuvas na Região Serrana do Rio de Janeiro deixam mais de 800 mortos.

13/2: Iniciam-se os protestos árabes, com revoltas populares de oposição aos governos locais.

2/3: Apple anuncia iPad 2 com novo processador, batizado de A5.

8/3: Força Sindical faz 20 anos.

Março: Gigantesco terremoto seguido de *tsunami*, no Japão, causa muita destruição e cerca de 10 mil mortes.

Março: Levante de operários da construção civil em obras do governo federal em vários Estados, com destaque para os trabalhadores de Jirau (Rondônia) e Suape (Pernambuco). Cerca de 80 mil operários exigem condições dignas de trabalho e renda.

2/5: Osama bin Laden, fundador e líder da al-Qaeda, é capturado e morto por militares norte-americanos, no Paquistão.

REFERÊNCIAS BIBLIOGRÁFICAS

Um Projeto para o Brasil – A Proposta da Força Sindical, Editora Geração, SP, 1993.

Estatuto do 6º Congresso da Força Sindical, 2009.

Aposentados da Força Sindical, 10 anos de história, Sindicato Nacional dos Aposentados, SP, 2010.

TRÓPIA, Patrícia Vieira, Força Sindical: política e ideologia no sindicalismo brasileiro, Editora Expressão Popular, SP, 2009.

RODRIGUES, Leôncio Martins e Cardoso, Adalberto Moreira, *Força Sindical, uma análise sócio política*, Editora Paz e Terra, SP, 1993.

RODRIGUES, Leôncio Martins (org), *Sindicalismo e sociedade*, Editora Difusão Europeia do Livro, SP, 1968.

RODRIGUES, Leôncio Martins e CARDOSO, Adalberto Moreira, *CUT: os militantes e a ideologia*, Editora Paz e Terra, SP, 1990.

DELGADO, Lucília de Almeida Neves, *O Comando Geral dos Trabalhadores no Brasil, 1961 – 1964*, Editora Vozes, RJ, 1986.

LEMOS, João Batista, *A política sindical do PCdoB*, Editora Anita Garibaldi, SP, 2009.

SITES:

Força Sindical
htpp://www.fsindical.org.br

Agência Sindical
http://www.agenciasindical.com.br/

Projeto Memória Dieese
http://memoria.dieese.org.br/museu

Bertolino, Osvaldo, Especial Da CUT à CTB
http://www.outroladodanoticia.com.br/da-cut-a-ctb.html

Este livro foi composto em
Myriad Pro, 11/16, e
impresso sobre papel couchê 170g
para a Geração Editorial
em setembro de 2011.